LA « CONSTITUTION » UKRAINIENNE DE 1710

PRÉSENCE UKRAINIENNE

L'Ukraine, aussi vaste que la France, héritière d'une longue histoire intimement liée à celle du reste de l'Europe et d'une culture riche et diverse, demeure une inconnue pour le public occidental, habitué à ne la considérer que comme une partie d'un ensemble russe puis soviétique.

Fidèle à la vocation des éditions L'Harmattan, la collection *Présence Ukrainienne* se propose de faire découvrir les multiples facettes de ce pays à travers une documentation de qualité, comprenant aussi bien des études originales que des traductions et des rééditions de textes fondamentaux oubliés ou introuvables sur l'Ukraine.

Titres de la collection :

-Iaroslav LEBEDYNSKY, **Le Prince Igor**, 2001.
-Guillaume LE VASSEUR DE BEAUPLAN, **Description d'Ukranie**, 2002. Texte de 1661 ; introduction et notes de Iaroslav Lebedynsky.
-Mykola RIABTCHOUK, **De la « Petite-Russie » à l'Ukraine**, 2003. Préface d'Alain Besançon, de l'Institut ; trad. I. Dmytrychyn et I. Lebedynsky.
-Roxolana MYKHAÏLYK, **Grammaire pratique de l'ukrainien**, 2003. Traduit de l'ukrainien par I. Lebedynsky.
-Iryna DMYTRYCHYN, **Grégoire Orlyk, un Cosaque ukrainien au service de Louis XV**, 2006.
-Iryna DMYTRYCHYN, **L'Ukraine vue par les écrivains ukrainiens**, 2006. Sélection de textes, éd. bilingue.
-Prosper MÉRIMÉE, **Bogdan Chmielnicki**, 2007 (fac-similé éd. 1865).
-Iaroslav LEBEDYNSKY, **Ukraine, une histoire en questions**, 2008.
-*Maroussia*, 2009. Fac-similé de l'édition originale du classique de P. J. Stahl, avec le texte inédit de l'œuvre en français de Marko Vovtchok ; introduction d'I. Dmytrychyn.
-Victor GRÈS, **L'Iliade Zaporogue** (scénario), 2009 ; trad. et préface de L. Hosejko.
-Iaroslav LEBEDYNSKY, **Scythes, Sarmates et Slaves**, 2009.
-Anastassia LYSSYVETS, **Raconte la vie heureuse**, *souvenirs d'une survivante de la Grande Famine en Ukraine*, trad. I. Dmytrychyn, préface de J.-L. Panné, postface de M. Riabtchouk, 2009.
-Marko VOVTCHOK, Pierre-Jules HETZEL, **Le voyage en glaçon**, présenté par I. Dmytrychyn et N. Petit. (Présence Ukrainienne / Jeunesse), 2009.
-*La moufle, conte populaire ukrainien*, trad. I. Dmytrychyn et F.-J. Besson, éd. bilingue. (Présence Ukrainienne / Les Quatre Vents), 2009.
-Iaroslav LEBEDYNSKY, **Skoropadsky et l'édification de l'Etat Ukrainien (1918)**, 2010.

PRÉSENCE UKRAINIENNE
Collection dirigée par Iaroslav Lebedynsky et Iryna Dmytrychyn
-Série « **Sciences Humaines** »-

Iaroslav LEBEDYNSKY

LA « CONSTITUTION » UKRAINIENNE DE 1710

La pensée politique des élites cosaques d'Ukraine

L'Harmattan

© L'Harmattan, 2010
5-7, rue de l'Ecole-Polytechnique, 75005 Paris

http://www.librairieharmattan.com
diffusion.harmattan@wanadoo.fr
harmattan1@wanadoo.fr

ISBN : 978-2-296-12276-5
EAN : 9782296122765

« ...lorsque la patrie sera délivrée des troubles actuels et affranchie du joug des Moscovites... »

Pactes & Constitutions..., art. XIV

INTRODUCTION

Au cours de l'année 1708, le front de l'interminable conflit que l'on devait appeler plus tard la « Grande Guerre du Nord », et qui opposait alors principalement la Suède de Charles XII à la Moscovie de Pierre Ier, se rapprocha de l'Ukraine. Une partie de l'élite cosaque qui administrait ce pays, sous la conduite du célèbre hetman Ivan Mazepa, saisit l'occasion de se soustraire à la pesante tutelle moscovite qui empiétait de plus en plus sur ses chères « Libertés ». Mazepa proclama qu'il passait sous la protection du roi de Suède, et plusieurs milliers de Cosaques rejoignirent l'armée suédoise.

Le 27 juin 1709, Charles XII fut vaincu à Poltava par les troupes moscovites. Les Suédois et leurs alliés ukrainiens parvinrent de justesse à se réfugier en territoire ottoman. Là, avec l'appui du sultan, ils préparèrent leur revanche. L'hetman Mazepa ayant succombé à l'âge ou à la maladie, ses partisans se réunirent et choisirent pour lui succéder son proche collaborateur, Philippe (*Pylyp*) Orlyk. C'est à ce moment, le 5 avril 1710, qu'ils conclurent entre eux et avec le nouvel hetman, et sous la garantie de Charles XII de Suède, l'accord intitulé *Pactes & Constitutions des lois et libertés de l'Armée Zaporogue*.

Trois cents ans plus tard, il nous a semblé justifié de republier et de commenter ce texte presque inconnu en Occident et encore controversé en Ukraine. Il présente en effet un intérêt historique et culturel considérable. Document normatif et programme de reconquête, il reflète la pensée politique des dirigeants cosaques et leur rêve d'un système « parlementaire » élitiste et collégial, proche du régime polonais et à l'opposé de l'autocratie moscovite. Il illustre l'ancienneté de la revendication nationale ukrainienne, que les Russes considèrent volontiers comme une « invention » de la fin du XIXe ou du début du XXe siècle. Il est aussi, sur le plan juridique, l'objet de controverses sur sa nature même. Pour certains, il s'agit d'une véritable constitution, voire de la première constitution européenne, sinon au monde. D'autres n'y voient que des arrangements internes à la Cosaquerie ukrainienne, ou encore ce type de compromis préconstitutionnel que divers souverains européens, depuis Jean sans Terre (*Magna Carta*, 1215) et André II de Hongrie (*Bulle d'Or*, 1222), avaient été contraints de conclure avec leur noblesse rétive.

Le présent volume a été organisé de façon à restituer le texte des *Pactes & Constitutions* dans son contexte historique et institutionnel, et à donner les éléments utiles sur sa signification. Il commence donc par un résumé de l'histoire de l'Ukraine cosaque jusqu'aux fatidiques années 1708-1710. Vient ensuite le texte traduit et commenté (l'original latin figure en annexe 1). Nous y avons ajouté la garantie signée par le roi de Suède, qui donnait à ces *Pactes* et à leurs dispositions une reconnaissance internationale. Nous discutons pour finir le caractère « constitutionnel » ou non de ce texte.

NOTE HISTORIQUE :

LES COSAQUES D'UKRAINE ET LE CONTEXTE DE 1710[1]

La période cosaque (XVIe-XVIIIe siècles) occupe une place centrale dans l'histoire de l'Ukraine. Outre leur activité militaire, les Cosaques ont développé des institutions politiques originales et ont contribué, par leur défense de l'identité ukrainienne contre la Pologne puis la Moscovie, à la prise de conscience nationale du peuple qui commençait à se dire « ukrainien » sur les deux rives du Dniepr.

Le phénomène cosaque

Il faut dire un mot du phénomène cosaque dans son ensemble, afin de mieux saisir les particularités de sa version ukrainienne. Ce phénomène, s'il ne s'est développé sous sa forme slave historique qu'à partir du tournant des XVe et XVIe siècles, s'inscrit dans la continuité de contacts beaucoup plus anciens entre les Slaves orientaux et différentes populations nomades des steppes. Il prolonge aussi des traditions bien établies de communautés territoriales, autonomes et militarisées, employées dans ces régions à la défense de zones frontalières. Aux XIe-XIIe siècles, par exemple, les grands-princes de Kiev avaient créé à la limite des steppes une zone-tampon gardée par des nomades turcophones ralliés, les « Toques Noires ».

Le nom de « Cosaque » est un terme turc (*kazak*), attesté dès les XIIIe-XIVe siècles dans la langue des Coumans ou Polovtses de la steppe ukraino-russe. Il signifie à peu près « fugitif, dissident ». Il désigne un type d'homme « libre » –

---

[1] Pour une histoire complète du phénomène cosaque et de la Cosaquerie ukrainienne, nous nous permettons de renvoyer aux ouvrages suivants :
-Lebedynsky, I., *Histoire des Cosaques*, Terre Noire, Paris, 1995 ;
-Lebedynsky, I ., *Les Cosaques, une société guerrière entre libertés et pouvoirs, Ukraine 1490-1790*, Errance, Paris, 2004.

généralement un combattant, mercenaire ou brigand – et non une identité ethnique précise. Avant comme après la conquête mongole des années 1237-1240, il existait dans les steppes divers groupes indépendants parfois hétérogènes, composés de nomades turcophones, mais aussi de représentants de divers autres peuples dont des Slaves, comme probablement les « Brodniks » signalés aux XIIe-XIIIe siècles. Ils furent le vivier des premières communautés « cosaques ». Le nombre de ces groupes s'accrut au moment de la décadence de la Horde d'Or (l'Etat successeur de l'empire mongol dans ces régions) et de sa décomposition en différents khanats « tatars ». Les sources de la première moitié du XVe siècle évoquent fréquemment des « Cosaques Tatars » au service de la grande-principauté de Lituanie, et d'autres mercenaires servant les comptoirs génois de Crimée. A partir des années 1450-60, les communautés cosaques permanentes formées dans le sud de l'Ukraine et de la Russie actuelles se composaient en majorité de Slaves, bien que leurs cultures présentent des traits « steppiques » marqués.

L'originalité des Cosaques était une organisation reposant au départ sur la stricte égalité des membres du groupe. Tous les chefs (ukrainien *otaman*, russe *ataman*) et dignitaires (juge, secrétaire, différents officiers) étaient élus périodiquement, et révocables à tout moment par une assemblée générale où chaque Cosaque avait voix au chapitre. Les ressources étaient possédées en commun.

Formation des Cosaques d'Ukraine à l'époque lituanienne

Comme ceux du Don ou de l'Oural, les Cosaques d'Ukraine s'installèrent sur les rives d'un grand fleuve, en l'occurrence le Dniepr, dans une sorte de *no man's land* entre les possessions de la Lituanie[2] et la steppe aux mains des Tatars. Les sources les mentionnent dès les années 1490 et les

---

[2] La grande-principauté de Lituanie avait absorbé la plupart des territoires ukrainiens au XIVe siècle, mettant à profit l'affaiblissement de la Horde d'Or.

présentent comme les adversaires des Tatars et des Turcs ottomans (les Tatars de Crimée étaient, depuis 1475, vassaux de l'empire ottoman). Au XVIe siècle, la noblesse ukrainienne participa à l'organisation de leurs communautés, parfois avec le soutien du pouvoir lituanien qui avait du mal à contrôler ces marges méridionales de la grande-principauté. Ces liens entre la classe guerrière en formation et l'aristocratie traditionnelle sont très particuliers aux Cosaques d'Ukraine et les distinguent de ceux du Don ou de l'Oural.

C'est d'ailleurs au prince Dmytro « Baïda » Vychnevetsky (exécuté par les Ottomans en 1563) que l'on attribue la création, sur une île du Dniepr, d'un fortin préfigurant la fameuse *Sitch* qui allait devenir le noyau des Cosaques « Zaporogues », c'est-à-dire établis au-delà (*za*) des « rapides » (*porohy*) du fleuve. Leur renommée fit que ce nom s'étendit par la suite aux autres Cosaques d'Ukraine, si bien que tous, comme le montrent les *Pactes* de 1710, finirent par se dire « Zaporogues ». On distingua dès lors les « vrais » Zaporogues en les appelant « Cosaques de la Sitch » ou « Cosaques du bas Dniepr » (*Nyzovi Kozaky*).

Les Cosaques d'Ukraine à l'époque polonaise

En 1569, lors de l'union de la Lituanie et de la Pologne, les territoires ukrainiens de la première furent transférés à la Couronne polonaise. Les Polonais s'efforcèrent d'enrégimenter une partie des Cosaques en créant des unités régulières (la première fut formée en 1578). Il y eut dès lors, dans les villes d'Ukraine, une minorité de « Cosaques Enregistrés » ou « Cosaques de ville[3] » servant le roi en échange d'une solde et de divers privilèges leur conférant une large autonomie, alors qu'à la Sitch et dans les steppes attenantes, plusieurs dizaines de milliers de Cosaques sans statut officiel menaient une existence à peu près indépendante.

---

[3] Car stationnés dans les agglomérations.

Ces deux ensembles cosaques, entre lesquels existaient des liens étroits et permanents (les Cosaques « libres » servant de vivier aux Cosaques « Enregistrés »), connurent des évolutions parallèles mais un peu différentes. Dans les deux cas, l'égalitarisme primitif recula avec la constitution d'une élite d'« Anciens » (la *Starchyna*) plus influente et riche. Cette évolution fut particulièrement nette chez les Cosaques « Enregistrés » ou « de ville », où la *Starchyna* développa des prétentions nobiliaires (nombre d'officiers cosaques étaient d'ailleurs issus de familles aristocratiques ukrainiennes). A la Sitch, les traditions égalitaires se maintinrent plus longtemps.

Les principaux ennemis des Cosaques ukrainiens étaient les Tatars, qui menaient régulièrement des raids pour capturer des Ukrainiens qu'ils vendaient ensuite comme esclaves, et les Turcs ottomans. Contre eux, les Cosaques organisèrent au début du XVIIe siècle des expéditions sur terre et surtout sur mer. Descendant le Dniepr sur des bateaux légers jusqu'à son embouchure, ils attaquaient les côtes de Crimée et même, traversant la mer Noire, celles de l'Anatolie. Leurs raids les plus audacieux les conduisirent jusque dans les parages de Constantinople. Dans les années 1600-1620, les Cosaques furent pour l'empire ottoman une nuisance permanente. En 1621, ils jouèrent un rôle majeur dans la victoire à Khotyn des troupes polonaises sur l'armée ottomane qui avait entrepris l'invasion de la Pologne. Ils servirent également la Pologne contre la Moscovie.

Mais si les Cosaques représentaient parfois un atout militaire précieux, ils constituaient aussi un facteur de déséquilibre diplomatique (quand le sultan ottoman ou le khan de Crimée tenait le roi de Pologne pour responsable de leurs agissements), et surtout de désordre intérieur. Le dur système de servage encourageait la fuite de paysans vers les communautés cosaques. Dans un contexte de tensions sociales, nationales et religieuses (ces dernières dues au prosélytisme catholique des Polonais), les Cosaques se firent plus ou moins consciemment les champions de la population ukrainienne orthodoxe contre la domination étrangère. A la fin du XVIe et au début du XVIIe siècle, ils déclenchèrent ou encouragèrent divers soulèvements auxquels se rallièrent d'autres couches de la population ukrainienne, qui voyaient dans les Cosaques les défenseurs de leurs intérêts ou aspiraient elles-mêmes aux « Libertés cosaques ». De telles révoltes se produisirent en 1591-93, 1595-96 et 1637-38. Au terme de cette dernière, l'autonomie des Cosaques vaincus fut sérieusement réduite, mais les tensions en Ukraine continuèrent à s'accroître. Elles débouchèrent sur une explosion majeure en 1648.

La révolte de Bohdan Khmelnytsky et le ralliement à la Moscovie

A cette date, un officier cosaque du nom de Bohdan Khmelnytsky, en butte depuis deux ans aux persécutions d'un fonctionnaire polonais qui avait saccagé son domaine et attaqué sa famille, n'ayant pu obtenir réparation des tribunaux polonais, se réfugia à la Sitch. Il y fut élu « hetman »[4] – chef suprême – des Cosaques d'Ukraine et leva l'étendard de la révolte. Habilement, il présenta le mouvement comme dirigé contre l'omnipotente noblesse polonaise et non contre le roi – très populaire chez les Cosaques – et obtint le concours des Tatars de Crimée. Les Cosaques Enregistrés se rallièrent à lui. L'armée cosaque renforcée par la cavalerie tatare écrasa à plusieurs reprises des forces polonaises mal commandées, tandis que les paysans ukrainiens se soulevaient en masse. En 1649, le nouveau roi Jean-Casimir dut signer avec Khmelnytsky le traité de Zboriv aux termes duquel l'armée cosaque « enregistrée », avec un effectif colossal de 40 000 hommes, résiderait de façon autonome dans les trois provinces polonaises d'Ukraine centrale. Bien qu'il n'ait jamais été

---

[4] *Hetman* (ukrainien moderne гетьман) est un titre polonais emprunté à l'allemand *Hauptmann* « capitaine ». Il désignait à l'origine les généralissimes des armées polonaise et lituanienne.

appliqué, cet accord constitue l'acte de naissance d'un véritable Etat autonome d'Ukraine administré par la classe cosaque et son hetman. Les historiens nomment habituellement cette entité « Hetmanat », bien que le nom officiel de la structure ait été « Armée Zaporogue de Sa Grâce Royale » (les « Zaporogues » étant ici en fait les Cosaques Enregistrés). Bohdan Khmelnytsky organisa les trois provinces sous son contrôle en nouvelles unités territoriales appelées « Régiments », dont le « colonel » serait le gouverneur. La Sitch du bas Dniepr conservait son propre gouvernement.

Ce traité de Zboriv ne rétablit pas la paix : sa relative modération le faisait contester dans les deux camps par les éléments les plus radicaux, et il n'offrait rien aux paysans insurgés qui refusaient le retour à leur précédente condition de serfs. La guerre reprit donc et se poursuivit plusieurs années, au cours desquelles Bohdan Khmelnytsky, désespérant de parvenir à un compromis satisfaisant avec les Polonais, chercha d'autres partenaires. Finalement, en 1654, il s'allia à la Moscovie, seule puissance orthodoxe de l'époque. Le tsar Alexis Romanov prit les Cosaques sous sa protection, et considéra dès lors l'Ukraine comme une partie de son empire et ses habitants comme ses sujets.

Après une décennie supplémentaire de guerres marquées par divers retournements d'alliances et qui ruinèrent complètement le pays, l'Ukraine fut partagée en 1667 par le traité d'Androussovo entre la Moscovie et la Pologne. Malgré l'opposition des Cosaques et l'intervention des Ottomans dans le conflit, le partage s'avéra durable. Il fut confirmé en 1686 par un accord qui établissait la souveraineté moscovite sur Kiev et instituait un protectorat du tsar sur la Sitch.

Sur les territoires demeurés polonais, l'institution cosaque dépérit progressivement, surtout après la paix définitive signée avec l'empire ottoman en 1699. Dans la partie moscovite, l'Hetmanat continua d'exister comme Etat autonome, mais le gouvernement impérial, échaudé par les renversements d'alliances des décennies précédentes, s'employa à le contrôler plus étroitement. Chaque nouvel hetman se vit imposer des conditions plus restrictives (par les « *Articles* » qui étaient édictés lors de son élection et qui s'inspiraient des « *Articles de Bohdan Khmelnytsky* » de 1654). La Moscovie intervint de façon de plus en plus ouverte dans le choix des hetmans. Finalement, en 1687, l'hetman Ivan Samoïlovytch fut arrêté et déporté en Sibérie : on lui reprochait l'échec catastrophique d'une campagne conjointe cosaque et moscovite contre les Turco-Tatars ; surtout, il s'était opposé à la subordination de l'Eglise orthodoxe d'Ukraine au patriarcat de Moscou. Il fut remplacé par Ivan Mazepa, candidat imposé par le tsar, au cours d'une élection qui se tint sous la menace de troupes moscovites. On appréciera l'ironie : c'est justement Mazepa qui devait, en 1708-1709, conduire la dernière tentative des Cosaques d'Ukraine de se soustraire à ce que les *Pactes* appellent le « joug moscovite ». Quant à la Sitch, elle subissait elle aussi des empiètements, avec la construction sur ses territoires du bas Dniepr, à partir de 1688, de forts moscovites.

L'hetman Ivan Mazepa

Ivan Mazepa, hetman durant plus de vingt ans, fut un véritable vice-roi de l'Ukraine. Malgré son impopularité dans certains cercles cosaques et à la Sitch (ou précisément à cause d'elle), il se comporta en souverain local, légiférant par ses « universaux » sur les questions les plus diverses et faisant des cadeaux généreux à l'Eglise et aux artistes. Il tira le meilleur parti d'une autonomie qui avait été encore restreinte lors de son élection : les *Articles* de 1687 prévoyaient notamment l'installation dans sa résidence de Batouryn d'un régiment moscovite, et l'encouragement aux mariages mixtes ukraino-russes, afin « *d'unir, par toutes les mesures et les moyens, le peuple petit-russien au peuple grand-russien »*[5] ! Mazepa chercha aussi, à l'occasion des opérations de la Grande Guerre du Nord en Pologne, à réunir à l'Hetmanat les territoires ukrainiens demeurés sous juridiction polonaise sur la rive droite du Dniepr – quitte à se débarrasser des « résistants » cosaques locaux qui pourraient être ses concurrents (1704). L'hetman était cultivé, intelligent, et sans scrupules. Il avait une véritable vision politique et appliquait son programme avec un autoritarisme que les *Pactes* lui reprocheront ensuite de manière à peine voilée.

L'alliance suédoise et la catastrophe de Poltava

La Grande Guerre du Nord était une très lourde charge pour l'Ukraine cosaque, appauvrie par l'interruption du commerce avec les villes de la Baltique et par les exigences militaires et économiques toujours croissantes du tsar Pierre Ier. Des rumeurs attribuaient au tsar des plans d'échange de l'Ukraine contre une portion de côte baltique ou de remise du pays à la Pologne. De son côté, Mazepa entretenait des contacts secrets avec Stanislas Leszczyński, le roi « pro-suédois » de Pologne. Une partie des cercles dirigeants cosaques le poussaient à se retourner contre les Moscovites, à un moment où la Suède paraissait invincible. Après avoir temporisé, Mazepa vit avec consternation l'armée suédoise entrer en Ukraine. Il prit alors sa décision et rejoignit le camp de Charles XII le 8 novembre 1708. Dans la proclamation qui explique son choix, il évoque le « *protectorat inutile, malheureux et sans avenir des Moscovites* », le « *joug de la tyrannie moscovite* » et qualifie les Moscovites d'« *éternels ennemis* ». Il rappelle que Bohdan Khmelnytsky, soixante ans plus tôt, n'avait pas hésité à « *se placer sous la protection des infidèles* » (les Tatars et Ottomans), et qu'il est donc a fortiori justifié de solliciter celle du « *monarque chrétien de Suède* », comme

---

[5] Quand les dignitaires cosaques Kotchoubeï et Iskra dénoncèrent au tsar Pierre Ier, en 1708, les velléités de « trahison » de Mazepa, ils l'accusèrent, entre autres, d'avoir au contraire été hostile à ces mariages mixtes.

d'ailleurs Khmelnytsky aussi avait voulu le faire. Ce sont là des thèmes que l'on retrouvera dans les *Pactes & Constitutions*, et qui font sûrement écho à des idées répandues dans une partie de la direction cosaque ukrainienne.

L'hetman Mazepa avait médité son changement de camp dans le plus grand secret, et n'avait donc pu y préparer ni la population ukrainienne dans son ensemble, ni même son armée. Seuls les 5000 Cosaques dont il pouvait disposer immédiatement le suivirent.

La réaction moscovite coupa court à tout développement du mouvement. Le 13 novembre, la ville de Batouryn fut détruite et sa population massacrée. Le 17 novembre, une assemblée cosaque dut sous la contrainte déposer Mazepa et élire à sa place le colonel Ivan Skoropadsky, que l'avance des troupes moscovites avait coupé de son ancien chef. Le 23 novembre, l'Eglise d'Ukraine dut lancer l'anathème contre son bienfaiteur. Un tribunal spécial fut chargé de juger de façon expéditive les partisans supposés de Mazepa. Lorsque les Cosaques de la Sitch, après des négociation infructueuses avec Pierre Ier, se prononcèrent pour Mazepa et lui apportèrent un renfort de 8000 hommes (fin mars 1709), le tsar envoya une armée détruire « *cet endroit maudit, qui était la racine du mal* ». La Sitch fut prise le 14 mai.

A la bataille de Poltava (27 juin 1709), les troupes moscovites remportèrent une victoire sans appel sur les Suédois. Charles XII avec les restes de son armée, et l'hetman Mazepa avec ses Cosaques, se réfugièrent en territoire ottoman, à Bender[6] dans l'actuelle République de Moldavie. Mazepa y mourut peu après[7].

---

[6] Roumain et turc *Bender*, ukrainien Бендери / *Bendery*. La ville est également appelée *Tighina* en roumain.
[7] La littérature historique donne diverses dates pour ce décès, notamment le 28 août. Les sources d'époque indiquent apparemment la nuit du 21 au 22 septembre 1709 selon le calendrier julien (« vieux style »).

Les **Pactes & Constitutions** *de Bender*

Les exilés ne renonçaient pas pour autant à la lutte. Charles XII, qui allait rester bloqué cinq ans chez les Ottomans comme hôte forcé, s'employa non sans succès à les dresser contre la Moscovie.

Quant aux Cosaques, après une période de désarroi, ils finirent par se doter d'un nouveau chef au printemps de 1710. Parmi les candidats pressentis figuraient le colonel de Prylouky Dmytro Horlenko, le secrétaire général Philippe Orlyk, et Andriï Voïnarovsky, neveu de Mazepa, soutenu par Charles XII qui venait d'arbitrer en sa faveur la querelle qu'il avait avec l'Armée Zaporogue au sujet de l'héritage du défunt hetman. Voïnarovsky se montrant aussi peu enthousiaste que peu expérimenté, le roi de Suède reporta son soutien sur Orlyk, que tous considéraient comme capable, honnête et très proche des idées du défunt hetman[8], et qui fut élu sans opposition. Orlyk devait expliquer plus tard qu'il n'avait pas souhaité être candidat, et n'avait accepté son élection que sur l'insistance de Charles XII.

Mais si Mazepa était déjà considéré comme un héros du combat pour les « Libertés » traditionnelles, ses méthodes autoritaires et sa diplomatie secrète n'avaient pas laissé que de bons souvenirs[9].

C'est pourquoi les Cosaques – tant les « Cosaques Enregistrés » de l'Hetmanat que ceux de la Sitch du bas

---

[8] Philippe Orlyk était issu d'une famille de nobles tchèques installée dans la grande-principauté de Lituanie. Né le 11 octobre 1672 à Kosouta dans l'actuelle Biélorussie, il étudia à Vilnius puis à Kiev. En 1699, il entra à la chancellerie de l'hetman Mazepa, dont il devint le secrétaire général, probablement vers 1706.
[9] Orlyk lui-même, pourtant très fidèle à Mazepa, devait rapporter par la suite différents exemples de son style de gouvernement tortueux, despotique et parfois méprisant envers ses collaborateurs (lettre de 1712 à Stefan Iavorsky).

Dniepr – jugèrent nécessaire d'encadrer les pouvoirs du nouvel hetman par des règles strictes, en même temps qu'ils réaffirmaient leurs droits collectifs sur le territoire ukrainien et d'autres grands principes qui leur étaient chers.

C'est ainsi que furent conclus, le 5 avril 1710, les *Pactes & Constitutions des lois et libertés de l'Armée Zaporogue*, entre l'hetman Philippe Orlyk, qui jura solennellement de les respecter, et les dignitaires représentant les deux armées cosaques d'Ukraine. Le 10 mai, le roi Charles XII signa un diplôme attestant l'élection et approuvant les *Pactes* qui faisaient de lui le « protecteur de l'Ukraine ».

Le texte des *Pactes & Constitutions* comprend un préambule (rappel historique et justification de la limitation des pouvoirs de l'hetman), et seize articles dont on peut indiquer dès à présent les thèmes.

1- Monopole du christianisme orthodoxe en Ukraine.
2- Délimitation des frontières ukrainiennes par des traités internationaux.
3- Alliance avec le khanat de Crimée.
4- Restitution aux Cosaques de la Sitch de leur territoire, si nécessaire avec l'aide des troupes de l'Hetmanat et de la Suède.
5- Restitution à ces mêmes Cosaques de la Sitch de leur ville-hospice de Trakhtemyriv.
6- Contrôle du pouvoir de l'hetman par les dirigeants cosaques et une assemblée générale se réunissant régulièrement.
7- Punition des officiers cosaques coupables par le tribunal de l'Armée et non par l'hetman.
8- Monopole des responsables cosaques sur les affaires publiques et interdiction faite à l'hetman d'utiliser ses serviteurs personnels.
9- Distinction des ressources privées de l'hetman et du budget de l'Armée. Contrôle par des trésoriers du budget de l'Armée et de ceux des Régiments.

10- Protection des Cosaques du rang et du reste de la population contre les abus des officiers.
11- Protection des femmes, veuves et orphelins des Cosaques.
12- Révision, après la libération du pays, de l'usage des terres publiques et de la répartition des impôts et des charges.
13- Garantie de l'autonomie municipale (privilèges urbains).
14- Lutte contre les abus en matière de cantonnement, de réquisition, de voyages officiels et privés des dignitaires.
15- Suppression des taxes alimentant le recrutement des troupes mercenaires dépendant directement de l'hetman, et limitation de leur effectif.
16- Détaxation du petit commerce et des foires, et de l'artisanat familial.

On voit que certaines dispositions sont internes à la classe cosaque et que d'autres concernent l'ensemble de la population ukrainienne.

Ces dispositions ne purent jamais être appliquées. Au début de 1711, les troupes de l'hetman Orlyk, avec des Tatars et un contingent de Polonais partisans du roi « pro-suédois » Stanislas Leszczyński, menèrent un raid en Ukraine « polonaise » de la rive droite du Dniepr, occupée par les Moscovites. D'autres Tatars attaquèrent l'Ukraine de la rive gauche. Orlyk, accueilli en libérateur, avança jusqu'à Bila Tserkva, sur la route de Kiev. C'est alors que les Tatars se retirèrent et, se mettant à piller et à faire des prisonniers pour leur propre compte, discréditèrent leur « allié » l'hetman aux yeux de la population. La campagne se termina par un échec. La nouvelle Sitch établie en territoire tatar sur la rivière Kamianka fut attaquée par l'armée moscovite du prince Boutourline et celle de l'hetman « loyaliste » Skoropadsky, et dut être réinstallée à Olechky.

En 1712, la guerre entre l'empire ottoman et la Moscovie suscita de nouveaux espoirs chez les exilés ukrainiens, surtout quand Pierre Ier se trouva, au mois de juillet, encerclé avec son armée sur le Prout. Mais le tsar acheta littéralement ses ennemis et conclut un traité où il s'engageait seulement, de façon assez vague, à ne plus intervenir dans les affaires des Cosaques. La Moscovie conserva sa partie d'Ukraine et y maintint Ivan Skoropadsky comme hetman, sous son étroit contrôle. Philippe Orlyk, l'*otaman* de la Sitch Hordiïenko et leurs partisans demeurèrent en territoire ottoman. Tous les liens ne furent d'ailleurs pas coupés entre les deux partis cosaques : des contacts entre les hetmans Orlyk et Skoropadsky sont attestés. Tout indique que Skoropadsky ne servait la Moscovie que par obligation et restait secrètement fidèle à l'œuvre et aux principes de Mazepa[10].

Epilogue

Beaucoup d'historiens considèrent que la bataille de Poltava et ses suites furent pour la Cosaquerie ukrainienne le début de la fin. Après la mort d'Ivan Skoropadsky en 1722, Pierre Ier, proclamé l'année précédente « empereur de Russie », interdit aux Cosaques d'élire un successeur, et la direction de l'Hetmanat fut assurée par un organisme collégial formé d'officiers russes. En 1727, au début du règne de Pierre II, ce régime s'assouplit et un nouvel hetman, Danylo Apostol, put être élu. Il défendit de son mieux l'autonomie résiduelle de l'Ukraine cosaque et obtint même, juste avant sa mort en 1734, le retour des Zaporogues du bas Dniepr de leur exil ottoman et le rétablissement de leur Sitch. Ensuite, l'histoire se répéta : le poste d'hetman fut de nouveau laissé vacant jusqu'en 1750, date à laquelle l'impératrice Elisabeth Ière fit élire par les Cosaques Kyrylo Rozoumovsky, frère de son amant.

Durant toute cette période, les « mazépistes » en exil continuèrent de défendre la cause cosaque ukrainienne, mettant à profit toutes les péripéties militaires ou diplomatiques pour rappeler les droits de l'Ukraine et tenter

---

[10] De son côté, Orlyk se déclarait prêt, dans une lettre à Skoropadsky, à s'effacer devant lui après la libération de l'Ukraine. Cf. Субтельний, О., *Мазепинці*, Kiev, 1994.

de susciter une intervention ottomane ou européenne en sa faveur. Philippe Orlyk suivit en 1714 le roi Charles XII quand celui-ci put enfin regagner la Suède. En 1720, il résida brièvement en Allemagne et Pologne, poursuivi par des agents moscovites, avant de regagner l'empire ottoman où il fut assigné à résidence à Salonique. Appauvri et privé de ses illusions quant à une libération prochaine de l'Ukraine, il essaya à la fin des années 1720 de traiter avec la Russie, mais ces négociations n'aboutirent pas.

En 1728-1730, une première tentative de retour des Zaporogues du bas Dniepr sous la juridiction russe porta un nouveau coup aux exilés, et leur installation définitive dans une nouvelle Sitch, négociée comme on l'a vu par l'hetman Apostol, les priva de leur principal potentiel militaire. Philippe Orlyk mourut à Iassy en 1742, dans la misère et sans avoir revu sa famille.

Le flambeau de la cause fut repris par son fils Grégoire (1702-1759), qui servit le roi de France Louis XV sans jamais oublier ses origines et les idées de son père. Les nombreux écrits de Grégoire Orlyk sur la question ukrainienne sont une sorte d'ultime écho des *Pactes* de 1710 et de leur conception des « libertés cosaques »[11].

C'est Catherine II, montée sur le trône russe en 1762, qui procéda à la destruction des institutions cosaques ukrainiennes, considérées à la fois comme un obstacle archaïque à la modernisation de l'empire et comme un danger stratégique à ses frontières occidentales et méridionales.

En 1764, l'hetman Rozoumovsky fut sommé de démissionner et le poste d'hetman fut définitivement aboli.

---

[11] Sur l'étonnante carrière de ce personnage, cf. Dmytrychyn, I., *Grégoire Orlyk, un Cosaque ukrainien au service de Louis XV*, L'Harmattan / Présence Ukrainienne, Paris, 2006.

En 1775, la Sitch recréée 40 ans auparavant fut détruite par une armée russe et ses territoires annexés[12] (le khanat de Crimée, qui avait été placé sous protectorat russe en 1774, fut annexé à son tour en 1783).

Enfin, au début des années 1780, l'Hetmanat fut divisé en provinces et le statut cosaque aboli en Ukraine.

Ces évènements marquèrent le début de la russification intensive de l'Ukraine centrale et orientale, privée de son cadre politico-militaire traditionnel. La Cosaquerie ukrainienne devait connaître ensuite plusieurs renaissances avortées et surtout devenir le grand mythe national à la base du patriotisme moderne.

---

[12] En 1788, le gouvernement russe forma à partir d'anciens Zaporogues une « Armée cosaque de la mer Noire », qui fut installée en 1792 dans la région du Kouban nouvellement annexée à l'empire. L'Armée de la mer Noire devint en 1860 l'une des parties de la nouvelle Armée cosaque du Kouban.
Une autre partie des Cosaques de l'ancienne Sitch s'était placée, comme en 1708, sous la protection du sultan ottoman et avait formé une « Sitch transdanubienne » dans le delta du Danube. Après diverses aventures (dont le passage momentané de certains d'entre eux au service du Saint-Empire dans le Banat en 1785-1811 !), ces Cosaques se rallièrent en majorité à la Russie lors de la guerre russo-ottomane de 1827-1829. Constitués en « Armée cosaque d'Azov », ils furent rattachés eux aussi à l'Armée cosaque du Kouban en 1865.

LES *PACTES & CONSTITUTIONS* : TEXTE ET TERMINOLOGIE

Quelques précisions s'imposent avant de livrer le texte des *Pactes* et leur commentaire.

Origine et présentation du texte

Il existe trois versions du texte des *Pactes & Constitutions* de 1710, deux en latin et une en ukrainien.

Le texte latin complet, que l'on trouvera en annexe 1, figure dans le recueil des *Lectures de la Société impériale d'histoire de 1847*[13]. Dans une brève introduction, S. Bodianski explique que ce document et divers autres ont été retrouvés dans les archives de Mykola (Nikolaï) Khanenko. Ce dignitaire cosaque avait travaillé à la chancellerie de l'hetman Ivan Skoropadsky, le successeur en 1708-1722 de Mazepa dans le camp moscovite. Il avait ensuite été *khorounjyï* (« porte-bannière ») général – l'un des plus hauts postes de la hiérarchie de l'Hetmanat – sous l'impératrice Elisabeth (1741-1762). Le texte, dit Bodianski, avait été recopié de sa propre main et d'une « magnifique écriture » (*прекраснымъ почеркомъ*) par Khanenko, si bien qu'on peut s'y fier.

On connaît également une version abrégée de ce texte latin, sans le préambule, intitulée *Contenta Pactorum inter Ducem et Exercitum Zaporoviensem conventorum, in compendium brevi stylo collecta* ; l'original se trouve aux Archives nationales de Suède, à Stockholm. Cet abrégé, contemporain

---

[13] ПЕРЕПИСКА И ДРУГІЯ БУМАГИ ШВЕДСКАГО КОРОЛЯ КАРЛА XII, ПОЛЬСКАГО СТАНИСЛАВА ЛЕЩИНСКАГО, ТАТАРСКАГО ХАНА, ТУРЕЦКАГО СУЛТАНА, ГЕНЕРАЛЬНАГО ПИСАРЯ Ф. ОРЛИКА, И КІЕВСКАГО ВОЕВОДЫ, ІОСИФА ПОТОЦКАГО, НА ЛАТИНСКОМЪ И ПОЛЬСКОМЪ ЯЗЫКАХЪ.

Чтенія въ Императорскомъ Обществѣ Исторіи и Древностей Россійскихъ при Московскомъ университетѣ,
Засѣданіе 31-го мая, 1847 года, Годъ третій, №1

du texte complet, est souvent cité à sa place. Nous ne l'avons pas inclus dans ce volume, dans la mesure où il n'apporte rien.

Le texte ukrainien a été édité dans un volume postérieur du même recueil des *Lectures de la Société impériale d'histoire* (1859, vol. I). Son contenu correspond à la variante latine complète. Il est rédigé dans la langue de chancellerie de l'époque. Il a été souvent reproduit, sous une forme plus ou moins modernisée, dans des publications ukrainiennes.[14]

Une copie du XVIIIe siècle (avec un cachet des Archives impériales russes daté de 1800) a récemment été retrouvée à Moscou. Détail intéressant, elle comporte des gloses marginales en russe pour expliquer les termes ukrainiens incompréhensibles aux lecteurs russes[15].

Il y a quelques divergences entre les deux versions. Nous avons donné ici la traduction de l'original latin, pour trois raisons. D'abord, il a nécessairement été, en 1710, le texte faisant foi vis-à-vis des alliés suédois, et auquel Charles XII avait donné sa garantie. Ensuite, le texte ukrainien est soupçonné d'être une traduction légèrement postérieure, et pas parfaite, du texte latin[16] ; il en élimine notamment certaines références archaïsantes (le nom des Roxolans, l'allusion aux Gètes). Enfin, dans tous les cas, le latin se prête mieux à une traduction vers le français.

---

[14] Par exemple Эварницкій, Д. И., *Исторія Запорожскихъ Казаковъ*, Saint-Pétersbourg, 1892 ; éd. Ukrainienne : Яворницький, Д. І., *Історія Запорозьких Козаків*, Lviv, 1990 (avec orthographe modernisée).
[15] *Паномъ* « par le seigneur » [Philippe Orlyk] est ainsi glosé par *Господиномъ*, *року* « de l'année » par *года*, etc.
[16] C'est notamment ce qu'affirme O. Ohlobyn, l'un des meilleurs spécialistes de la période : Оглобін, О., *Гетьман Мазепа та його доба*, New-York / Kiev…, 2001.

Nous reproduisons pour l'essentiel la traduction française signée « W. Stepankowski », publiée à Lausanne en 1916[17], qui est l'œuvre d'un bon latiniste et le fruit d'une comparaison avec la version ukrainienne. Nous en avons modifié surtout des détails, comme la ponctuation et les majuscules, l'orthographe de certains noms propres, et de rares tournures. Les corrections plus importantes (choix de termes, etc.) sont signalées et justifiées en note.

Pour éviter de multiplier les renvois, le commentaire suit chaque article. Nous avons distingué l'un de l'autre en employant des polices différentes de caractères.

L'historien ukrainien I. Borchtchak (qui signait en Occident « E. Borschak ») a publié en 1925[18] un texte qu'il aurait trouvé dans les archives familiales des propriétaires du château de Dinteville en Haute-Marne[19]. Rédigé en français, il est intitulé *Déduction des droits de l'Ukraine* et reprend les thèmes et arguments des *Pactes*, notamment de leur préambule. Borchtchak le date de 1712 ou 1713. I. Dmytrychyn, qui a dépouillé ces archives dans le cadre de ses propres recherches, ne l'y a pas retrouvé, et il semble que personne actuellement ne puisse produire l'original ou du moins une copie ancienne. Nous laisserons donc de côté ce document.

Précisions terminologiques

Quelques particularités de vocabulaire doivent être relevées. Nous sommes en 1710. L'empire russe que Pierre Ier est en

---

[17] « Actes de 1710 relatifs aux rapports de l'Ukraine avec l'Etat Moscovite, la Suède et le Khanat de Crimée, et à la Constitution intérieure de ce pays », revue *L'Ukraine*, Lausanne, 1916. « W. Stepankowski » est Volodymyr Stepankivsky, patriote ukrainien antirusse actif durant la Première Guerre mondiale.
[18] Борщак, І., « *Вивід прав України* з рукопису архіву Дентевілів у Франції зі вступом і примітками », Стара Україна, Lviv (Lwów), 1925.
[19] Grégoire Orlyk, fils de l'hetman en exil Philippe, épousa en 1747 Louise Hélène Le Brun de Dinteville.

train de créer se nomme encore, pour la plupart des étrangers, « Moscovie ». C'est ce terme qu'emploient constamment les auteurs des *Pactes*.[20]

L'adjectif *rossiacus* du texte latin est traduit par « ruthène ». En effet, il ne renvoie pas au concept politique ou ethnique de « russe » au sens actuel, mais à des réalités ukrainiennes. Il faut se souvenir que ces termes remontent au nom de la *Rous'* (*Русь*), le grand Etat médiéval des Slaves orientaux, matrice commune des cultures ukrainienne, russe et biélorussienne. Après les invasions mongoles du XIIIe siècle, différentes formes de ce nom sont demeurées attachées aux ethnies et aux territoires slaves orientaux. Au début du XVIIIe siècle, elles étaient notamment encore d'emploi courant pour désigner l'Ukraine. Le traducteur a donc rendu ici, comme il convient, *Rossia* (art XIII) par « Ruthénie » et *rossiacus* (art. I, etc.) par « ruthène ».

Lors de l'incorporation de l'Ukraine cosaque à l'Etat moscovite en 1654, le pays avait reçu le nom officiel de « Petite Ruthénie » (*Malaïa Rous'*), réinterprété par la suite en « Petite-Russie » (*Malorossiïa*). Cette expression remonte à la nomenclature ecclésiastique byzantine, où elle désignait le ressort du métropolite orthodoxe de Halytch, par opposition à la « Grande Ruthénie » qui était celui de l'ancien métropolite de Kiev, installé en Russie après les invasions mongoles. Elle se rencontre sporadiquement dans les *Pactes*[21], notamment dans l'article II consacré aux frontières : peut-être les auteurs ont-ils préféré employer à certains endroits un nom qui, à défaut d'être populaire sur place, avait un caractère officiel.

La période cosaque a justement vu la diffusion, en Ukraine centrale, du nom moderne du pays. Attesté depuis 1187 pour

---

[20] *Imperium Moscoviticum*, государство московское ou simplement Москва. Partout dans l'ouvrage, les citations du texte ukrainien des *Pactes* sont faites avec l'orthographe de l'original.
[21] *Parva Rossia* dans le texte latin, Малая Россія dans le texte ukrainien.

désigner diverses régions méridionales de l'ancienne Ruthénie kiévienne, il s'est répandu à partir du XVIe siècle pour les opposer aux autres pays slaves orientaux – les actuelles Biélorussie et Russie. Il avait la faveur des Cosaques et apparaît fréquemment dans les *Pactes* (*Ucraina* dans le texte latin).

On trouve enfin, dans ce même texte latin, l'adjectif archaïsant de « roxolan » au sens d'« ukrainien » (*Roxolana patria*, etc.). Il se réfère à l'un des mythes d'origine populaires à l'époque, et sur lequel nous reviendrons en commentant le texte. Cette appellation n'est pas reprise dans la version ukrainienne.

Les Cosaques sont collectivement désignés par le nom d'« Armée Zaporogue » (*Exercitus Zaporoviensis*, Войско Запорожское). L'expression s'applique, comme on l'a vu plus haut, à deux entités distinctes : les Cosaques « Enregistrés » ou « de ville » de l'Hetmanat, et les Cosaques de la Sitch du bas Dniepr, c'est-à-dire les « Zaporogues » originels. Dans les *Pactes*, ces derniers sont « l'Armée Zaporogue du Borysthène [Dniepr] inférieur » (en latin *Exercitus Zaporoviensis Inferioris Borysthenis partis*, dans la version ukrainienne Войско Запорожское низовое). Il est question dans le préambule des « deux Armées Zaporogues » (...*utrumque Exercitum Zaporoviensem*...). Là où l'identité du groupe désigné n'est pas claire, nous l'avons précisée, en note ou dans le commentaire, d'après le contexte.

Le texte latin emploie une nomenclature politique, militaire et sociale empruntée à l'Antiquité grecque et romaine. Nous avons, contrairement au traducteur[22], restitué une partie des titres cosaques : les « chiliarques » sont des « colonels » et leurs « chiliarchies » les Régiments territoriaux de l'Hetmanat, etc.

---

[22] Celui-ci a cependant bien traduit *dux* par « hetman ».

Il faut signaler particulièrement l'opposition, répétée plusieurs fois, entre les termes de *status equestris* et *status plebeius* ou *plebs*. Le traducteur les rend, sous l'influence du latin classique, par « classe équestre » ou « noblesse » et « classe plébéienne » ou « plèbe ». Or, tant le contexte que la comparaison avec la version ukrainienne[23] montrent que la distinction n'est pas exactement de cet ordre. La « classe équestre » est ici manifestement la classe cosaque, la « plèbe » étant la masse de la population « civile » non cosaque de l'Hetmanat. Nous l'avons rappelé dans les différents passages concernés.

Un tableau récapitulatif de ces diverses subtilités est donné en annexe 2.

---

[23] A l'article IX, par exemple, les adjectifs ukrainiens *войсковый* et *посполитый* répondent exactement aux adjectifs latins *equestris* et *plebeius*.

PACTES & CONSTITUTIONS
DES LOIS ET LIBERTÉS
DE L'ARMÉE ZAPOROGUE

entre

l'illustrissime seigneur, le seigneur Philippe Orlyk, hetman nouvellement élu de l'Armée Zaporogue, et entre les généraux, colonels, et la même Armée Zaporogue, convenus publiquement par les deux parties, et corroborés en libre élection par un serment solennel de ce même illustrissime hetman, le 5 avril de l'an de grâce 1710, à Bender.

Au nom du Père, du Fils et du Saint-Esprit, de Dieu glorifié en la Sainte Trinité,

Que ceci soit fait à la gloire et à la mémoire éternelles de l'Armée Zaporogue et du peuple ruthène.

Dieu, admirable et inconcevable dans Ses jugements, miséricordieux dans Sa longue patience, juste dans Ses châtiments, de tout temps, depuis la création de ce monde visible, exalte certains royaumes et certains peuples, humilie les autres à cause de leurs crimes et de leurs iniquités, asservit les uns, affranchit les autres, élève les uns et abaisse les autres. Ainsi, Il a d'abord exalté l'antique et valeureux peuple cosaque, appelé autrefois khazar[24], par une gloire immortelle, par de grandes possessions et par des faits héroïques, par lesquels il a été redoutable, non seulement à ses voisins, mais à l'Empire d'Orient lui-même, sur terre et sur mer, tellement, que l'Empereur d'Orient, désirant se le rendre favorable pour toujours, unit son fils à la fille du kaghan[25], c'est-à-dire du prince des Cosaques. Puis ce même Dieu, très juste et glorifié dans les cieux, punit

---

[24] *Gentem [...] cosaticam, antea nominatam Cossaricam.*
[25] *Filiam Cagani.* La traduction dit « la fille de Cagan », mais il s'agit d'un titre et non d'un nom propre.

ce peuple cosaque pour ses péchés et ses injustices par des peines multiples, l'abaissa, l'humilia et, le menant presque jusqu'à sa ruine finale, le livra enfin à la conquête des rois de Pologne, Boleslas le Brave et Etienne Batory, qui le soumirent au royaume de Pologne. Et bien que Dieu, incompréhensible et inconcevable dans Sa justice divine, ait châtié nos ancêtres par d'innombrables malheurs, cependant, ne voulant pas pousser Sa colère jusqu'à ses dernières limites, ni garder éternellement Son inimitié, mais désirant affranchir le susdit peuple cosaque du joug polonais, lourd en ce temps-là, et lui restituer sa liberté antérieure, Il suscita le zélé orthodoxe, défenseur fervent des lois de la patrie et des libertés antiques, le très valeureux hetman[26], Bohdan Khmelnytsky[27], d'immortelle mémoire, qui, ayant par la grâce divine et l'aide invincible du sérénissime roi de Suède, d'immortelle et glorieuse mémoire, Charles X, avec les troupes auxiliaires réunies du seigneur de Crimée[28] et de l'Armée Zaporogue, sa propre perspicacité, son énergie, ses labeurs et sa valeur, libéré du joug polonais l'Armée Zaporogue et le peuple ruthène opprimé et persécuté, se soumit avec ceux-ci de son propre mouvement à l'empire autocratique de Moscou, dans l'espoir que l'Empire moscovite, étant du même rite que nous, observerait ses obligations, exprimées dans les pactes et constitutions et confirmées par serment, garderait à perpétuité sous son protectorat l'Armée Zaporogue et le libre peuple ruthène, avec ses lois et ses libertés inviolées. Mais après la mort du dit hetman Bohdan Khmelnytsky, mort pieusement, lorsque le même Empire moscovite essaya de différentes manières et par bien des moyens de violer et de ruiner complètement les lois et les libertés de l'armée Zaporogue et d'imposer au libre peuple ruthène, qu'il n'avait jamais conquis, le joug de l'esclavage, alors, toutes les fois que l'Armée Zaporogue dut souffrir de ces violences, elle fut forcée de défendre au prix de son sang et par sa valeur l'intégrité de ses lois et de ses libertés, à la défense

---

[26] Le titre polono-ukrainien de hetman est rendu en latin par *dux*.
[27] *Theodatum Chmielniccium*. L'auteur du texte latin a traduit le prénom de Bohdan par Théodat « Dieudonné », et suivi plus ou moins l'orthographe polonaise de son nom, *Chmielnicki*.
[28] Le khan de Crimée.

desquelles Dieu lui-même, vengeur des injustices, fut propice. Enfin, quand récemment, sous les auspices du défunt illustrissime hetman Ivan Mazepa, le dit Empire moscovite, désirant réaliser ses intentions impies et nous rendant le mal pour le bien, au lieu de gratitude et d'honneurs pour tant de fidèles services et de dépenses et de frais ruineux, pour d'innombrables actions héroïques et pour tant de sang versé dans ses guerres, tenta de transformer les Cosaques en une armée régulière, d'assujettir nos villes à son pouvoir, de violer nos lois et nos libertés, d'exterminer l'Armée Zaporogue du cours inférieur du Borysthène[29] et d'en effacer même le nom à perpétuité, ce dont il existait et existe encore des preuves incontestables, des indices et des documents ; alors le dit illustrissime hetman Ivan Mazepa, de pieuse mémoire, animé d'un juste zèle pour l'intégrité des droits de la patrie et des libertés de l'Armée Zaporogue, et brûlant de voir sous son hetmanat notre patrie et les deux Armées Zaporogues florissantes et de les laisser après sa mort – pour la mémoire éternelle de son nom – dans la jouissance de libertés non seulement intactes, mais même augmentées et étendues, se donna à l'invincible protection du sérénissime et très puissant roi de Suède, Charles XII, qui, par une dispensation spéciale de la divine Providence, était entré en Ukraine à la tête de ses troupes. Il suivait en cela l'exemple de son prédécesseur de pieuse mémoire, le valeureux hetman Bohdan Khmelnytsky, qui, uni avec le sérénissime roi de Suède Charles X, aïeul homonyme de Sa Royale Majesté, par une entente unanime et une alliance d'armes et de tactique, pour la délivrance de sa patrie de la sujétion polonaise, lourde en ce temps, n'eut, conformément à ses désirs, pas une moindre aide pour défaire les forces polonaises.

Bien que la volonté divine, inconcevable, non seulement n'ait pas réalisé les intentions si généreuses du défunt hetman par le sort contraire des armes, mais qu'elle l'ait frappé lui-même par un décret mortel ici à Bender, l'Armée Zaporogue

---

[29] Borysthène est le nom grec du Dniepr, dérivé du nom scythe du fleuve lui-même ou du pays environnant. Il s'agit ici des Zaporogues de la Sitch, établis sur le bas Dniepr.

délaissée par la mort de son chef suprême, sans désespérer de reconquérir sa liberté tant désirée, avec l'aide de Dieu et la protection du sérénissime et puissant roi de Suède, se fiant dans la justice de sa cause, qui triomphe toujours, pour son soutien et pour l'établissement d'un meilleur ordre militaire, a décidé, sur le consentement unanime des Anciens[30], et conformément à l'approbation de notre sérénissime protecteur, Sa Royale Majesté suédoise, d'élire un nouvel hetman. Au temps fixé pour cette élection, à un endroit près de Bender convenable pour cet acte électoral, réunis en un Conseil public, sous la présidence du seigneur Constantin Hordiïenko, ataman prétorien[31], tous, sans esprit de contradiction, s'étant concertés avec les Anciens et les députés de l'Armée Zaporogue de la Sitch[32], selon les coutumes et les lois anciennes, ont élu librement et à l'unanimité pour hetman Sa Grâce le seigneur Philippe Orlyk, digne de la dignité hetmanienne[33], et pouvant, avec l'aide de Dieu et la protection de S. M. suédoise, par sa haute intelligence et son expérience, porter cette dignité hetmanienne, lourde en ce moment si grave et si périlleux, gouverner dans les intérêts publics de la patrie, régner et diriger les affaires.

Et comme quelques anciens hetmans, adhérents de l'empire despotique de la Moscovie, osaient tenter d'usurper, contre toute justice et contre tout droit, l'autorité absolue, ce par quoi ils ont porté atteinte aux lois anciennes et aux libertés de l'Armée Zaporogue, non sans de graves préjudices pour le peuple, nous, Anciens ici présents, et nous, ataman prétorien avec l'Armée Zaporogue, prévenant de pareilles illégalités, surtout en ce moment si propice, où cette Armée Zaporogue, après s'être soumise à la protection de S. M. suédoise, pense y persévérer fortement, sans autre fin que

---

[30] *Officialium Generalium*. Il s'agit de la « *Starchyna* générale », c'est-à-dire du groupe des principaux officiers, l'élite dirigeante cosaque.
[31] *Attamano Prætoriano*. Cette expression traduit le titre du chef de la communauté zaporogue de la Sitch, атаманъ кошовый dans le texte ukrainien, c'est-à-dire otaman du *kich* ou « camp ».
[32] *In Siecz degenti*.
[33] Nous préférons l'adjectif « hetmanien » à celui d'« hetmanal » employé dans la traduction.

de rétablir et de relever les lois vacillantes et ses libertés, nous avons traité et décidé avec Sa Grâce l'illustrissime seigneur Philippe Orlyk, hetman nouvellement élu, que non seulement Son Illustrissime Excellence, pendant la durée de son heureux hetmanat, observerait inviolablement tous les pactes et constitutions exprimés ci-dessous dans les articles qu'Elle a juré de respecter, mais que ces pactes seraient observés et conservés immuables par ses successeurs, les futurs hetmans de l'Armée Zaporogue. En voici la teneur.

Commentaire

Le préambule s'inscrit dans une perspective chrétienne classique, où les malheurs des Cosaques et de l'Ukraine sont imputés à leurs iniquités, mais où s'exprime aussi la foi en une Providence salvatrice. Il contient un rappel historique des évènements qui ont conduit à l'élection de Philippe Orlyk et à l'adoption des *Pactes*, mais qui débute par une allusion à l'un des mythes d'origine développés par les Cosaques ukrainiens.

Ce mythe, dans la droite ligne des recherches d'« ancêtres » prestigieux dont le Sarmatisme polonais est un exemple bien connu, joue sur la ressemblance des noms « Cosaques » et « Khazars » (ici : *gens Cosatica / Cossarica*) pour faire des premiers les descendants des seconds. Les vrais Khazars étaient un peuple nomade turcophone, qui dirigea aux VIIe-Xe siècles un empire multinational dans les steppes ukraino-russes. Plusieurs tribus slaves orientales furent un moment ses vassales avant la constitution de l'Etat ruthène kiévien. Les Ukrainiens et Cosaques d'Ukraine, aux XVIe-XVIIIe siècles, ont également revendiqué des ancêtres sarmates et particulièrement roxolans (cf. article XIV), mettant là encore à profit l'assonance entre ce dernier nom et celui de la Ruthénie / *Rous'*. Le *Caganus* du texte latin est le kaghan ou « empereur » des Khazars.

Après avoir annexé l'épopée khazare, les auteurs des *Pactes* font un saut hardi dans le temps pour évoquer la domination polonaise. Bizarrement, elle est censée commencer avec Boleslas « le Brave » (*Bolesław Chrobry*), le roi de Pologne qui intervint au début du XIe siècle dans les guerres de succession au trône de Kiev, mais sans conquérir durablement la Ruthénie. La mention d'Etienne Batory (1575-1586) est peut-être due à la volonté de ce souverain de contrôler les communautés cosaques ukrainiennes alors en plein développement ; l'Ukraine centrale venait d'être transférée de la grande-principauté de Lituanie à la Couronne de Pologne en vertu de l'Union de Lublin (1569).

Bohdan Khmelnytsky, d'« éternelle mémoire » (*æviternæ memoriæ*), est ici célébré comme le chef de la grande révolte cosaque, puis de la véritable guerre nationale, qui mit fin à cette domination polonaise sur une partie de l'Ukraine. Le texte commet une erreur historique, en affirmant que Khmelnytsky aurait bénéficié dans cette guerre de l'aide du roi de Suède Charles X. Il avait en fait l'appui des Tatars de Crimée et donc de leur protecteur, l'empire ottoman. Ce n'est que plus tard, après son passage sous protection moscovite en 1654, dans les dernières années de sa vie, que l'hetman chercha à conclure des alliances alternatives avec la Suède et d'autres puissances.

Ce raccourci est probablement délibéré : il s'agit de montrer que l'alliance suédoise de 1708 avec Charles XII ne fait que prolonger celle avec Charles X un demi-siècle plus tôt, et de lui donner un caractère plus naturel.

Le développement suivant est consacré aux malheurs de l'Ukraine cosaque sous le joug moscovite, qui justifient le changement de camp de l'hetman Mazepa en 1708. Le ton et les arguments rappellent d'ailleurs ceux de la proclamation de Mazepa au moment de sa fatidique décision. L'entrée des troupes suédoises en Ukraine est présentée comme un cadeau du ciel, une occasion historique de libérer le pays.

La fin du préambule expose la raison d'être de tout le texte : les Cosaques en exil ont résolu de se choisir un nouveau chef, mais aussi – instruits par l'expérience de « quelques anciens hetmans », trop autoritaires car influencés par le régime moscovite – d'encadrer ses pouvoirs dans des *Pactes* censés lier même ses successeurs.

Nous croyons important de souligner une formule qui n'a pas suffisamment retenu l'attention des commentateurs. Le texte accuse Moscou d'avoir violé ses engagements envers l'Ukraine, exprimés dans des « pactes et constitutions » (*pactis conventis*[34] *constitutionibusque*). Il s'agit des accords conclus en 1654 à Péréïaslav à l'occasion du passage des Cosaques sous la protection du tsar. Il est frappant de les voir désignés ici par le même nom que les *Pactes et Constitutions* de 1710. D'une part, cela rappelle que les Cosaques avaient une interprétation contractuelle des accords de 1654, contrairement aux Moscovites pour qui il ne s'agissait que de privilèges que le tsar, dans sa souveraine autocratie, concédait à ses nouveaux sujets – et qu'il pourrait leur retirer. D'autre part, l'identité de la formule créée un parallélisme entre le choix du tsar comme protecteur en 1654, et celui, que l'on verra affirmé avec force à l'article II, du roi de Suède en 1710.

---

[34] Nous reviendrons sur la notion-clef de *pacta conventa* (cf. *infra* « Evaluation »).

I

Comme entre les trois vertus théologales[35], la foi tient la première place, de même il convient que nous commencions ce premier article par la confession de la Sainte Foi Orthodoxe du rite oriental, dans laquelle le valeureux peuple cosaque fut éclairé dès le règne des princes khazars par le Siège apostolique de Constantinople et qu'il continue à observer fortement, n'ayant jamais été tenté par une religion exotique. On sait que l'hetman Bohdan Khmelnytsky, de glorieuse mémoire, et l'Armée Zaporogue ne prirent les armes contre la République polonaise pour aucune cause que celle de défendre les droits et les libertés militaires, pour la Sainte Foi Orthodoxe qui, persécutée violemment par la puissance polonaise, avait été obligée d'accepter l'Union avec l'Eglise romaine ; et, après l'extirpation de cette religion néo-romaine étrangère[36] de notre patrie, ce ne fut que pour ce motif, et seulement à cause de l'identité de la religion orthodoxe, que la même Armée Zaporogue avec tout le peuple ruthène s'est donnée et s'est soumise volontairement à la protection de l'Empire moscovite. Aussi, lorsque Dieu, fort et puissant dans les batailles, aidera heureusement les armes fortunées de S. R. Majesté suédoise à libérer notre patrie du joug moscovite, l'illustrissime hetman nouvellement élu devra en premier lieu prendre des mesures énergiques pour que nulle religion étrangère ne soit introduite dans notre patrie ruthène, et, s'il s'en montrait une, soit publiquement, soit secrètement, il devra l'extirper de par son autorité et n'en pas permettre la prédication ni le prosélytisme, en n'autorisant pas à leurs sectateurs, et surtout au judaïsme trompeur[37], de résider en Ukraine. Il devra faire tous ses efforts pour que seule la religion orthodoxe de rite oriental, sous l'obédience du Saint-Siège apostolique de Constantinople, soit établie à perpétuité à la plus grande

---

[35] C'est-à-dire la foi, l'espérance et la charité.
[36] *Neoromanam exoticam religionem*. Dans le texte ukrainien, on a simplement *иновѣрія* « de la religion étrangère ».
[37] *Præstigioso Iudaismo*. L'adjectif *præstigiosus* signifie « trompeur, fallacieux », et non « prestigieux » ! Un *præstigiator* est un « charlatan » ou « imposteur ». Le texte ukrainien dit encore plus explicitement *зловѣрію жидовскому* « à la mécréance juive ».

gloire de Dieu, faire élever des églises et instruire dans les arts libéraux les fils de la Ruthénie, afin que, comme une rose entre les épines, elle fleurisse, entourée d'Etats voisins d'autres confessions. Et pour augmenter l'autorité du Siège primatial petit-russien, celui du métropolite de Kiev, et pour faciliter le fonctionnement du gouvernement des affaires spirituelles, ce même illustrissime hetman, alors que notre patrie sera libérée du joug moscovite, s'adressera au Siège apostolique constantinopolitain, pour obtenir de lui la restauration de l'Exarchat primitif pour que, par cet acte, soit renouvelée l'obédience filiale de notre patrie au susdit Trône apostolique constantinopolitain, qui l'a éclairée et renforcée dans la Sainte Foi catholique par ses prédications de l'Evangile.

Commentaire

Le premier article des *Pactes* est une vigoureuse profession de foi chrétienne orthodoxe, dont les origines en Ukraine sont ici dépeintes d'une façon pour le moins curieuse. Les « princes khazars » historiques s'étaient en effet convertis... au judaïsme ! C'est bien entendu le grand-prince de Kiev Vladimir Ier qui, en 988, opta pour le christianisme orthodoxe lié à l'alliance byzantine. L'article constitue en même temps un programme d'exclusivité de cette confession en Ukraine : l'orthodoxie doit seule y être permise. Parmi les religions « étrangères » ou « exotiques » à proscrire sont nommément désignés le catholicisme (« religion néo-romaine », par opposition à la « Sainte Foi catholique », c'est-à-dire la foi « universelle » qui renvoie ici à l'orthodoxie), et le judaïsme « trompeur ». L'animosité à leur égard remonte à la période de domination polonaise. Sans vraiment persécuter les orthodoxes, le pouvoir polonais les avait à l'occasion discriminés dans leur propre pays, et avait organisé ou toléré un prosélytisme catholique. Celui-ci avait débouché, en 1596, sur l'Union de Brest, c'est-à-dire le ralliement à l'Eglise catholique d'une partie des orthodoxes ukrainiens et biélorussiens, autorisés à conserver leur rite oriental (les « uniates »). Cette tentative œcuménique avait en fait exacerbé les tensions religieuses, et la défense de l'orthodoxie était devenue l'un des prétextes, sinon l'un des moteurs, des révoltes cosaques périodiques.

Il est faux de dire que cette défense fut, comme le prétend le texte, l'unique cause du grand soulèvement de Bohdan Khmelnytsky en 1648 : le chef cosaque voulait en fait venger les torts qui lui avaient été faits par un fonctionnaire polonais, et dont il n'avait pu obtenir réparation par les voies légales. Mais il est exact que, au moment où cette révolte se transforma en guerre nationale, l'orthodoxie, associée à l'identité ukrainienne, fut l'un des drapeaux brandis contre la domination polonaise – et l'un des arguments d'un rapprochement avec la Moscovie. Le traité (non appliqué) de Zboriv, conclu en 1649 entre Bohdan Khmelnytsky et le roi de Pologne Jean-Casimir, prévoyait en Ukraine l'abolition de l'Union, le monopole des orthodoxes sur les emplois publics, l'expulsion des Jésuites et des Juifs.

Quant à ces derniers, les Cosaques et beaucoup d'Ukrainiens voyaient en eux une population parasitaire qui avait servi de courroie de transmission économique dans l'exploitation de la paysannerie ukrainienne par les propriétaires polonais. La haine sociale se combinait à l'hostilité religieuse traditionnelle. Cependant, la définition des Juifs, dans l'Europe des XVIIe-XVIIIe siècles, était purement religieuse et non ethnique ou « raciale » comme plus tard. C'est ce qui explique que seul le judaïsme en tant que tel soit visé ici. Un Juif converti n'était plus considéré comme tel – des convertis sont d'ailleurs bien attestés à cette époque au sein des formation cosaques, même à des postes élevés[38].

L'opposition au catholicisme et au judaïsme est d'autant plus librement exprimée dans les *Pactes* que les alliés de leurs

---

[38] L'épouse de l'hetman Philippe Orlyk, Anna Hertsyk, était originaire d'une famille juive convertie.

auteurs sont les Ottomans et Tatars musulmans, et les Suédois protestants !

Le texte invite l'hetman, une fois les Moscovites chassés, à reprendre les traditions de mécénat au profit de l'Eglise, de l'instruction et des arts, anciennes chez les Cosaques et qui avaient été particulièrement vivaces sous Mazepa.

L'hetman Orlyk devra aussi – grâce sans doute à la faveur du pouvoir ottoman – obtenir le rétablissement du statut ancien de l'Eglise d'Ukraine, c'est-à-dire annuler sa subordination à l'Eglise moscovite décrétée en 1686 par le tsar Pierre Ier sans l'accord du patriarche de Constantinople. Le métropolite de Kiev relèverait ainsi directement de Constantinople, garantissant l'indépendance ou, en termes religieux, l'« autocéphalie » de l'Eglise ukrainienne (on peut observer à ce sujet que la question n'est toujours pas réglée aujourd'hui !).

II

Comme chaque Etat est établi et basé sur l'inviolabilité de ses frontières, la Petite-Russie, notre patrie, ne doit pas être violée dans ses frontières confirmées par des traités et pactes avec la République polonaise ainsi qu'avec la Sublime porte ottomane et l'Empire moscovite, et surtout en celles qui, jusqu'à la rivière Sloutch, sous l'hetmanat de Bohdan Khmelnytsky, ont été séparées de la susdite République polonaise et restituées à jamais aux possessions de l'hetman et confirmées par la force des pactes. Ce sera une obligation pour l'illustrissime seigneur hetman, à l'heure des négociations que fera S. R. Majesté suédoise, d'insister sur ce point par tous les moyens quand cela sera opportun, et surtout de supplier Sa Sérénissime Majesté R., son maître aussi clément que tutélaire, notre défenseur et protecteur, que Sa Majesté ne permette à personne de s'approprier et de violer non seulement nos droits et nos libertés, mais aussi nos frontières. En outre le même illustrissime seigneur hetman, après la fin – que Dieu veuille heureuse – de la guerre, devra recevoir l'assurance d'un traité par lequel Sa Majesté suédoise et ses successeurs les sérénissimes rois de Suède s'intituleraient à perpétuité protecteurs de l'Ukraine, et le soient en réalité pour la plus grande puissance de notre patrie et pour la conserver dans l'immunité de ses droits et de ses frontières. Pareillement, l'illustrissime hetman devra supplier Sa Majesté de faire en sorte que dans les traités futurs de S. M. avec l'Empire moscovite, soient stipulés tant la remise en liberté de nos prisonniers se trouvant actuellement dans l'Empire moscovite, que la juste compensation de tous les dégâts causés en Ukraine par la force des armes. Il appartiendra tout spécialement à l'illustrissime hetman de demander et de s'assurer auprès de Sa Royale Majesté que nos prisonniers se trouvant aujourd'hui dans le royaume de Sa Majesté, après la fin de la guerre, retournent tous librement et libres[39] dans leur patrie.

---

[39] *Libere liberi*. Dans l'édition de 1916, la partie de ce passage mentionnant « *la remise en liberté de nos prisonniers se trouvant actuellement dans l'empire moscovite* » manque à la fois dans le texte latin et dans la traduction, que nous avons corrigée.

Commentaire

L'article II permet de mesurer la différence entre les conceptions cosaques de 1710 et la notion moderne d'indépendance nationale. D'un côté, l'Ukraine est bien définie comme une entité territoriale entre Pologne, empire ottoman et Moscovie, délimitée par des frontières basées sur les droits historiques et surtout les traités. De l'autre, le texte fait de Charles XII de Suède et de ses successeurs les « protecteurs de l'Ukraine », et ce n'est pas qu'une formule.

Lors des guerres entamées par la révolte de 1648, les dirigeants cosaques ukrainiens avaient sans cesse recherché le meilleur « protecteur », la puissance tutélaire à l'ombre de laquelle ils pourraient administrer l'Ukraine et y devenir la véritable noblesse militaire qu'ils aspiraient à être. Probablement, ils auraient préféré le roi de Pologne, malgré le passif accumulé depuis l'Union de Lublin : la personne royale jouissait souvent de respect et même de popularité (particulièrement dans le cas de Ladislas IV, malencontreusement mort au cours de la guerre en 1649). Les autres candidats, au milieu du XVIIe siècle, étaient le sultan ottoman et le tsar de Moscovie. Bohdan Khmelnytsky demeura en contact avec le premier jusqu'en 1653, alors même qu'il traitait déjà avec la Moscovie. Le type d'autonomie dont jouissaient, par exemple, la Moldavie et la Valachie au sein de l'empire ottoman pouvait paraître séduisant. Mais, malgré l'alliance de circonstance conclue en 1648, l'intégration à un Etat musulman était une décision difficile à prendre et à faire admettre à la population ukrainienne. De plus, l'autonomie promise serait toujours limitée, dans les faits, par l'omnipotence du sultan, qui ne se gênait pas pour changer à sa guise les hospodars de la Moldavie voisine. C'est donc finalement vers le tsar que s'étaient tournés les Cosaques en 1654 – ce qu'une partie d'entre eux avait aussitôt regretté. Le souverain moscovite ne se voyait pas comme un protecteur, mais comme le maître absolu de ses nouveaux sujets. C'est pourquoi Bohdan Khmelnytsky, au moment de sa mort, recherchait déjà d'autres combinaisons[40].

Pour les auteurs des *Pactes*, la Suède, superpuissance lointaine, pouvait assurer ce rôle de protecteur sans interférer dans les affaires intérieures de l'Ukraine.

Le passage final de l'article, consacré aux indemnités de guerre et au retour des prisonniers, rappelle le contexte de 1710.

En ce qui concerne les frontières de l'Ukraine cosaque, la mention de la Sloutch, affluent de la rivière Horyn', montre que les auteurs des *Pactes* envisageaient la restauration des limites définies en 1649 au traité de Zboriv : le futur Hetmanat devait s'étendre sur les deux rives du Dniepr, et non se limiter à la rive gauche comme l'avaient établi les traités polono-moscovites de 1667 et 1686.

---

[40] Ce qui contredit le discours historiographique russe sur la prétendue aspiration ukrainienne à une « réunification » des Slaves orientaux, qu'aurait exprimée l'accord de 1654.

III

Comme l'antique peuple khazar, appelé ensuite cosaque[41], tient son origine généalogique des valeureux et invincibles Goths[42], et que de plus, outre des rapports de voisinage amical, des liens de profonde sympathie et d'amitié unissent ce peuple cosaque à l'Etat de Crimée, avec lequel l'Armée Zaporogue a fréquemment conclu une convention d'armes et dont les forces sont venues au secours de cette Armée pour la défense de son pays et de ses libertés, aussi, autant qu'il sera possible dans l'état de choses actuels, l'illustrissime seigneur hetman devra tâcher, par ses ambassadeurs auprès de Sa Grâce sérénissime le khan, de coopérer avec lui et d'établir une amitié éternelle, ce que voyant, les pays voisins n'oseront point tenter de soumettre l'Ukraine ou de l'attaquer de quelque manière que ce soit. Et après la fin de la guerre, quand Dieu permettra à l'hetman nouvellement élu, après une paix favorable et conforme à nos vœux, de prendre possession de sa résidence hetmanienne, celui-ci devra de toutes ses forces et avec une perspicacité diligente prendre des mesures pour que le traité stable avec l'Etat de Crimée et la confraternité ne soient enfreints en rien par des gens irréfléchis de notre pays, qui par habitude du mal n'ont pas honte de violer les droits non seulement d'amitié et de voisinage, mais même les traités de paix.

Commentaire

Cet article III est consacré au khanat tatar de Crimée, avec lequel les Cosaques en exil de Philippe Orlyk entendent maintenir leur alliance. Celle-ci peut paraître contre nature : les communautés cosaques d'Ukraine étaient apparues, à partir de la fin du XVe siècle, dans un contexte de résistance aux raids dévastateurs des Tatars, qui effectuaient périodiquement de véritables rafles de paysans ukrainiens

---

[41] *Gens antea Cosarica, post nomina Cosatica.*
[42] *A [...] Gethis.* L'emploi (incorrect) du nom des Gètes pour désigner les Goths remonte à Jordanès qui, écrivant au VIe siècle l'histoire de ces derniers, y avait annexé le passé des vrais Gètes, peuple antique de la région du Danube.

pour les vendre sur les marchés aux esclaves. La Crimée avait été l'une des cibles de l'activité militaire des Zaporogues de la Sitch, notamment au début du XVIIe siècle sous l'impulsion de l'hetman Petro Konachevytch Sahaïdatchny. En 1648, Bohdan Khmelnytsky avait obtenu le soutien du khan (avec l'aval du sultan), dont la cavalerie lui était nécessaire face à l'armée polonaise, mais les Tatars s'étaient montrés peu fiables. Ils avaient razzié et pillé pour leur propre compte et prêté une oreille attentive aux offres polonaises. Il existait cependant chez les Cosaques un courant favorable à l'alliance criméenne, tant dans l'Hetmanat qu'à la Sitch, où il était notamment représenté par l'otaman Hordiïenko.

Le texte donne donc une image sélective et un peu idyllique de l'« amitié » ukraino-criméenne, qu'il veut en outre fonder sur un autre mythe : la prétendue origine gothe des Cosaques. Les Goths étaient ces Germains orientaux qui, du tournant des IIe-IIIe siècles aux invasions hunniques de la fin du IVe siècle, avaient résidé en Ukraine. On apprend ici avec quelque surprise qu'ils étaient les ancêtres des Cosaques (une revendication rare, les racines mythiques généralement invoquées en Ukraine étant, comme on l'a vu plus haut, sarmato-roxolanes ou khazares). Cette « origine généalogique » (*originem [...] genealogicam*) est censée renforcer les liens avec la Crimée, probablement parce que des Goths avaient survécu très tardivement en Crimée et que le souvenir s'en conservait au début du XVIIIe siècle[43]. Une partie de la Crimée avait même porté au Moyen Age le nom de « Gothie ».

Les auteurs des *Pactes* considèrent à l'évidence l'alliance tatare comme essentielle sur le plan militaire, au point de s'inquiéter du tort que pourraient lui faire des agités « par habitude du mal » (*assuetudine peccandi inhabituati*).

---

[43] Cf. Rousseau, A., *Sur les traces de Busbecq et du gotique*, Presses Universitaires de Lille, 1991.

L'allusion vise précisément les Zaporogues de la Sitch, ennemis traditionnels des Tatars, dont on pouvait redouter le goût du brigandage et la diplomatie fantaisiste.

Sur cette question criméenne, les *Pactes* furent suivis par un traité d'alliance « éternelle », conclu le 23 janvier 1711 entre l'Armée Zaporogue (en l'occurrence l'hetman en exil Orlyk et ses partisans) et le khan de Crimée Devlet-Giray. Ce dernier s'engageait à ne pas traiter avec la Moscovie sans l'accord des Cosaques et de leur hetman.

Comme on l'a vu plus haut (cf. Note historique), cette alliance se termina aussi mal que d'autres tentatives précédentes. Par la suite, les Zaporogues qui avaient établi en 1712 leur nouvelle Sitch en exil, sous la protection du khan et du sultan, à Olechky près de l'embouchure du Dniepr, ne parvinrent jamais à une bonne entente avec les Tatars, et finirent par se rallier à la Russie. Intellectuellement séduisante, l'orientation criméenne s'avéra toujours impraticable dans les faits[44].

---

[44] L'ultime écho de ces alliances entre Cosaques d'Ukraine et Tatars de Crimée se rencontre dans un rapport français de 1812 qui préconise la création d'un Etat indépendant les associant : « *Les Cosaques [d'Ukraine] unis aux Tatars de la Crimée pourraient former un seul Etat dont le beau nom de Tauride profané aujourd'hui serait vengé en prenant celui de Napoléonide.* » (Archives du Ministère des affaires étrangères, Série *Mémoires et documents, Pologne,* 28, folios 211-220, 1812 ; cf. Seydoux, M., « Une source peu connue pour l'histoire de la Russie aux XVIIe et XVIIIe siècles », *Cahiers du monde russe et soviétique,* vol. 12, N° 4.

IV

L'Armée Zaporogue du cours inférieur du Borysthène s'est gagné une gloire immortelle par d'innombrables actions héroïques et chevaleresques sur terre et sur mer et s'est procuré ainsi pour son usage commun et ses besoins de grands privilèges, mais l'Empire moscovite, en cherchant des moyens variés pour l'opprimer et l'exterminer, a construit sur son propre territoire les forteresses de la Samara[45] et des redoutes sur les bords du Borysthène et par ce fait l'Empire, en restreignant les droits de chasse et de pêche de l'Armée, lui a imposé de grands dommages et de grands préjudices. Enfin il détruisit par la force militaire le rempart des Zaporogues, la Sitch[46] Pour cela, après la fin, que nous espérons heureuse, de la guerre (si la dite Armée Zaporogue ne libère pas et ne nettoie pas elle-même ses territoires et le Borysthène du joug moscovite), l'illustrissime hetman devra, à l'heure des conventions de paix entre S. M. suédoise et l'Empire moscovite, stipuler que le Borysthène et les territoires de l'Armée soient débarrassés des forteresses et des redoutes moscovites et restitués à leur propriétaire primitif, cette même Armée, où dans l'avenir l'illustrissime hetman ne devra non seulement permettre à personne de bâtir des villes ou des forteresses, de fonder des colonies avec limites de franchises indiquées ni sous aucun prétexte et d'aucune manière laisser dévaster ces territoires de l'Armée Zaporogue, mais encore, dans la défense de ces territoires, sera obligé de donner l'aide nécessaire à l'Armée Zaporogue [du Borysthène inférieur].

Commentaire

Cet article et le suivant sont consacrés à l'« Armée Zaporogue du Borysthène inférieur » (du bas Dniepr), c'est-à-dire aux Zaporogues de la Sitch.

---

[45] *Oppida Samariensia*. La traduction dit « les villes fortifiées de Samara », mais la Samara est une rivière.
[46] Le texte latin donne la forme polonaise : *Siecz* (ukr. : *Сѣчь*). La Sitch avait été prise le 14 mai 1709 par les Moscovites et entièrement détruite.

En mars 1708, ces derniers s'étaient ralliés à Mazepa contre les Moscovites. Ce choix avait été mûrement médité. L'hetman n'était pas populaire à la Sitch (où on le traitait de « *renard rusé et Machiavel* » !). Mais les rapports de celle-ci avec les Moscovites étaient très tendus depuis de longues années. Comme le rappelle le texte des *Pactes*, les Moscovites empiétaient sur les territoires zaporogues du bas Dniepr. Dès 1688, ils avaient bâti une première forteresse sur la rivière Samara. Du coup, l'année suivante, les Cosaques avaient renoué des contacts avec la Pologne, suggérant au roi Jan Sobieski de prendre la Sitch sous sa protection. Au début du XVIIIe siècle, l'armée moscovite avait élevé le fort de Kamianyï Zaton sur la rive gauche du Dniepr, directement en face de la Sitch, sous le prétexte de la protéger contre des attaques tatares ou ottomanes. En 1705, les Cosaques s'estimèrent lésés par la nouvelle délimitation des frontières moscovito-criméennes. En 1708, ils accueillirent et réarmèrent Kondratiï Boulavine, le chef cosaque du Don en révolte contre le pouvoir impérial[47]. Ils avaient toutes les raisons de croire qu'une confrontation avec l'envahissante Moscovie était inévitable, et il choisirent le camp de Mazepa et des Suédois. Du coup, Pierre Ier envoya une armée prendre les fortins zaporogues sur le Dniepr et détruire la Sitch.

L'article IV oblige donc l'hetman Philippe Orlyk, au cas où les Cosaques du Dniepr inférieur ne parviendraient pas eux-mêmes à reprendre le contrôle de leur territoire, à veiller au respect de leurs intérêts lors des négociations de paix. L'insistance sur l'interdiction de construire de nouveaux établissements montre à quel point les intrusions et la tactique de « grignotage » territorial des Moscovites avaient irrité les Zaporogues.

---

[47] La terrible répression de cette révolte du Don par Pierre Ier dut produire sur les Cosaques d'Ukraine une forte impression et renforcer le parti anti-moscovite, notamment à la Sitch qui avait des liens étroits avec les Cosaques du Don.

V

La ville de Trakhtemyriv qui, de tout temps, a été possédée de droit par l'Armée Zaporogue Inférieure[48] et a toujours porté le titre même de *Xenodochium*[49] devra être, après la libération espérée de notre patrie du joug moscovite, restituée par l'illustrissime hetman, avec tous ses biens et avec le droit de passage existant sur le fleuve Borysthène, à cette même Armée Zaporogue d'aval, pour y bâtir aux frais de l'Armée un hospice pour les Cosaques accablés par l'âge, l'extrême pauvreté ou souffrant de blessures, et leur servir la nourriture et les vêtements. De même le Borysthène depuis la Perevolotchna jusqu'à l'embouchure et la ville de Perevolotchna, la ville de Keleberda, la rivière Vorskla avec ses moulins situés dans le Régiment[50] de Poltava et la forteresse de Kodak avec toutes ses dépendances, devront être gardés par l'illustrissime hetman et ses successeurs, selon les anciens droits et privilèges, en possession de l'Armée Zaporogue, sans accorder à qui que ce soit, laïc ou religieux, le droit de pêche dans le Borysthène depuis Perevolotchna jusqu'à l'embouchure et spécialement dans les endroits déserts du fleuve ; les rivières et tous les endroits indiqués jusqu'à Otchakiv devront être réservés à l'avenir à l'usage exclusif de l'Armée Zaporogue [du Borysthène inférieur].

Commentaire

Ce passage complète l'article IV en garantissant aux Zaporogues de la Sitch la jouissance traditionnelle de leur ville-hospice de Trakhtemyriv et de diverses autres ressources, notamment les droits de pêche.

---

[48] *Ad Exercitum Zaporoviensem Inferiorem.* Comprendre « du Borysthène inférieur », comme dans les articles précédents.
[49] Terme latin d'origine grecque désignant un hôpital ; dans la version ukrainienne : шпиталь.
[50] Le texte latin emploie le terme de *chiliarchatus*, « commandement de mille homme ». Il s'agit ici du Régiment au sens territorial, l'une des régions créées par l'hetman Bohdan Khmelnytsky lors de la constitution de l'administration cosaque en Ukraine.

VI

Si, dans les Etats absolus, un ordre louable et salutaire est observé dans l'intérêt commun, d'après lequel des conseils privés et publics discutent le bien commun de la patrie, tant en guerre qu'en paix, et les monarques absolus eux-mêmes ne refusent point de soumettre leurs décisions à l'arbitrage du conseil de leurs ministres et conseillers en présence de Leurs Majestés ; pourquoi, dans une nation libre, n'observerait-on pas un ordre si salutaire ? Bien qu'il ait existé antérieurement, en face de la dignité des hetmans de l'Armée Zaporogue, de par l'ancien droit des libertés, et ait continué à exister, cependant certains hetmans de l'Armée Zaporogue, ayant usurpé illégalement et injustement le pouvoir absolu, ont proclamé de leur propre autorité la loi suivante : « Ainsi je le veux, ainsi je l'ordonne[51] ». Ensuite de cette autorité despotique, qui n'incombait pas à la dignité d'hetman, de multiples désordres, des violations des lois et libertés, ont été introduits dans la patrie et dans l'Armée Zaporogue, de lourdes charges publiques, des actes violents et injustes des autorités militaires, le manque de respect dû aux Anciens, aux colonels et aux officiers distingués. Et pour cela, nous – Anciens, ataman prétorien, et toute l'Armée Zaporogue –, nous concluons le pacte suivant avec l'illustrissime hetman dans l'acte de l'élection de Son Excellence, loi qui doit être conservée à perpétuité dans l'Armée Zaporogue · les Anciens seront les conseillers suprêmes dans notre patrie, tant par respect pour leur dignité qu'à cause de leur résidence continuelle aux côtés de l'hetman ; après eux selon la hiérarchie, les colonels des villes[52] seront pourvus du même caractère de conseillers publics ; ensuite chaque Régiment élira une personne distinguée, âgée et sage au conseil public, avec le

---

[51] *Sic volo, sic jubeo.* Dans la version ukrainienne · Такъ хочу, такъ повелѣваю.
[52] Le texte latin emploie ici l'expression peu heureuse de *colonelli civiles*, que le traducteur a rendu par l'oxymoron « colonels civils ». En fait, comme l'indique le texte ukrainien où l'on trouve полковники городовіе, il s'agit des « colonels des villes », c'est-à-dire des officiers qui, résidant chacun dans le chef-lieu d'un « Régiment » territorial, y dirigeaient l'administration cosaque et faisaient office de gouverneur.

consentement de l'hetman. L'illustrissime hetman actuel et ses successeurs devront soumettre aux Anciens, colonels et conseillers généraux[53] toutes les questions touchant l'intégrité de la patrie, le bien commun et toutes les affaires publiques, et ne rien décider ni effectuer de leur autorité privée sans leur conseil et consentement. Pour cela, en ce moment de l'élection de l'hetman, nous décidons par un vote unanime que trois conseils généraux auront lieu chaque année à la résidence de l'hetman : la première à la fête de Noël, la deuxième pendant les fêtes de Pâques, la troisième à la fête de la Protection[54] de la bienheureuse Mère de Dieu. Devront assister, non seulement les colonels avec leurs officiers et centurions, non seulement les conseillers généraux de tous les Régiments, mais aussi les députés de l'Armée Zaporogue Inférieure, pour entendre et discuter, après en avoir reçu l'ordre de l'hetman, sans manquer au terme fixé, où tout ce qui serait proposé par l'illustrissime hetman à la discussion devra être débattu consciencieusement, sans égards à leurs intérêts privés et à l'avantage d'autrui, sans haine néfaste et sans malignité. Ces droits seront exercés de façon que rien ne soit contraire à l'honneur de l'hetman, et ne se produise au détriment public de la patrie ou à sa ruine et, à Dieu ne veuille, à sa perdition. Et si, en dehors de ces sessions, il se trouvait des affaires publiques exigeant une prompte solution et expédition, alors l'illustrissime hetman aura le droit et sera libre, avec le conseil des Anciens, de décider et d'exécuter ces affaires de sa propre autorité. De même les lettres destinées à l'illustrissime hetman et venant de royaumes et de pays étrangers devront être communiquées aux Anciens par Son Excellence, ainsi que les réponses qui y seront faites, sans cacher aucune correspondance – étrangère surtout, et celles qui pourraient nuire à l'intégrité de la patrie et au bien public. Et pour que cette intimité de l'hetman avec les Anciens, les colonels et les conseillers généraux soit plus efficace, chacun de ces derniers devra, en entrant en office, jurer fidélité à la patrie, loyauté à son hetman,

---

[53] *Consiliarii generales*, енеральнії совѣтники.
[54] Le 1er octobre. La Vierge était considérée comme la protectrice des Cosaques, et sa fête était l'une des dates traditionnelles de réunion des assemblées.

l'accomplissement des devoirs qui incomberont à son ministère, par un serment solennel selon le texte du serment rédigé publiquement. Et s'il était observé quelque acte contraire à l'équité, aux droits et libertés de l'Armée, et de nuisible et inutile à la patrie, de la part de l'illustrissime hetman, ces mêmes Anciens, colonels et conseillers généraux auront le droit, soit d'une manière privée, soit, dans le cas d'extrême nécessité, publiquement, d'interpeller librement Son Excellence au conseil sur la violation des droits et des libertés sans offenser ni enfreindre d'aucune façon la suprême dignité hetmanienne. L'illustrissime hetman ne devra ni s'indigner de ces interpellations ni s'en venger, mais au contraire corriger le mal. Les conseillers généraux, spécialement, chacun dans le Régiment dont il est élu en comices publics, seront libres avec le colonel de ville de défendre l'ordre et de gouverner en conseil commun, en s'opposant fermement à toute intention de faire du mal au peuple ou d'aggraver ses charges. Et comme les Anciens, les colonels et les conseillers seront tenus d'observer envers l'illustrissime hetman le respect et la déférence qui lui sont dus, la fidélité et l'obéissance, de même l'illustrissime hetman devra les respecter et les considérer comme ses collègues et non comme des serviteurs et des courtisans, sans les forcer exprès, pour les humilier, à rester publiquement debout devant lui, ce qui est inconvenant et indigne, excepté dans le cas où l'occasion ou la nécessité l'exigerait.

Commentaire

On entre ici dans la partie proprement « constitutionnelle » des *Pactes*, celle qui délimite les pouvoirs de l'hetman et réglemente ses rapports avec les autres dignitaires et institutions.

Comme l'explique le texte, ces règles constitutionnelles ont été rendues nécessaires par la dérive autocratique, déjà évoquée dans le Préambule, de « certains hetmans ». Bien que Mazepa, récemment décédé et déjà considéré comme un héros, ne soit pas cité nommément, il est clair que son style de gouvernement avait suscité des oppositions jusque parmi ses collaborateurs. L'article VI instaure ainsi un type de contrôle « parlementaire » ou, plutôt, réaffirme un certain nombre de principes traditionnels chez les Cosaques.

On peut résumer ainsi, en termes modernes, ses principales dispositions. La *Starchyna* générale, c'est-à-dire l'ensemble des hauts dignitaires cosaques, entoure l'hetman et le conseille. Un deuxième cercle comprend les colonels des Régiments, et des délégués ou « conseillers généraux » élus par ces mêmes Régiments. Tous ces personnages délibèrent en « conseil général » (*generalium consilium*) qui tient trois sessions par an, et auquel participent également des officiers de moindre importance – dont les « centurions », c'est-à-dire les *sotnyks* ou chefs des *sotnias* qui étaient les subdivisions des Régiments – et des représentants de la Sitch. C'est l'hetman qui fixe l'ordre du jour (« *tout ce qui serait proposé par l'illustrissime hetman à la discussion* »), à charge pour lui d'y inclure toutes les affaires importantes (« *toutes les questions touchant l'intégrité de la patrie, le bien national et toutes les affaires publiques* »). Entre les sessions, l'hetman exerce le pouvoir en concertation avec le « conseil des Anciens », c'est-à-dire le groupe restreint des hauts officiers.

Ce « conseil général » est une version rationalisée de la traditionnelle assemblée générale (*rada*) des Cosaques. A l'origine, cette assemblée était souveraine et les chefs de tous niveaux n'étaient que ses délégués révocables. Un système de ce genre existait encore, au début du XVIIIe siècle, à la Sitch, où l'assemblée se tenait régulièrement (et aussi à la demande de groupes de Cosaques) et n'élisait l'*otaman kochovyï*, chef de la communauté, et les autres responsables, que pour un an. Dans l'Hetmanat fondé par Bohdan Khmelnytsky, l'hetman faisait figure de souverain. Il était toujours élu par l'assemblée, mais sans limitation de durée, et l'assemblée elle-même était souvent soumise à des pressions extérieures. Mazepa avait été élu en 1687 sur l'ordre, et sous la menace militaire directe, des autorités moscovites. En outre, le nombre même des Cosaques (plusieurs dizaines de milliers) faisait qu'il était impossible de tenir une assemblée « générale » où chacun pourrait s'exprimer. En 1663, à Nijyn, l'hetman Brioukhovetsky avait été élu par une assemblée qui comptait 40 000 membres ! L'idée de créer, à la place de ces cohues ingérables, une structure de type parlementaire, n'était pas nouvelle. L'hetman Ivan Vyhovsky (1657-1659) avait déjà envisagé un système d'assemblée restreinte formée de députés élus à raison de 10 pour chaque Régiment. Le texte des *Pactes* reprend cette conception représentative.

Certains détails, comme l'interdiction faite à l'hetman de contraindre ses « collègues » à rester debout devant lui, sont révélateurs des pratiques de Cour qu'avaient introduites les prédécesseurs de Philippe Orlyk – en particulier Mazepa.

VII

Dans le cas où quelqu'un des Anciens, colonels, conseillers généraux, des Compagnons d'armes[55] et d'autres officiers se permettraient de toucher à l'honneur de l'hetman ou se rendraient coupables d'une autre manière quelconque, ces coupables ne seront pas punis par l'ordre privé de l'illustrissime hetman, mais l'affaire, criminelle ou fortuite, sera du ressort du Tribunal général et, quelle que soit la sentence rendue sans faveur et sans hypocrisie, le condamné devra la subir.

Commentaire

L'arbitraire de l'hetman se trouve également limité sur le plan judiciaire. Peut-être y a-t-il là un écho d'affaires comme celle, récente, de 1708. Le juge général Kotchoubeï (donc le plus haut personnage de la hiérarchie judiciaire cosaque) et le colonel de Poltava Iskra avaient dénoncé au tsar Pierre Ier les contacts de l'hetman Mazepa avec la Suède et la Pologne. Le tsar ne les ayant pas crus, ils furent décapités le 14 juillet 1708. Ce droit à un jugement par les instances cosaques complète les dispositions de l'article VI sur le droit de remontrance accordé à la hiérarchie.

---

[55] *Ex [...] insignibus Commilitonibus* , dans la version ukrainienne : *зъ [...] значного товариства*. Il s'agit des personnages parfois appelés aussi *bountchoukovi tovarychi* ou « compagnons du *bountchouk* » (l'étendard à queues de cheval de l'hetman), Cosaques distingués par l'hetman et servant auprès de lui.

VIII

Ces mêmes Anciens, résidant constamment auprès de l'hetman, devront présenter à Son Excellence toutes les affaires publiques qui dépendront de leur ministère et recevoir ses décisions, ce que n'auront pas le droit de faire ses serviteurs privés, qui ne devront s'immiscer dans aucune affaire officielle, ni intervention, ni aucune affaire militaire ; ils ne pourront être chargés de missions, même des moins importantes.

Commentaire

Cet article établit une stricte séparation entre l'entourage officiel de l'hetman – ce groupe d'« Anciens » qui doit le conseiller et le contrôler – et sa maison privée, dont les membres se voient interdire toute participation aux affaires politico-militaires. L'hetman ne peut donc, en principe, avoir une activité secrète parallèle.

IX

Comme nous le savons, de tout temps il y a eu dans l'Armée Zaporogue des trésoriers généraux qui étaient chargés du Trésor public, des moulins, de tous les revenus publics et des paiements des tributs, et qui en disposaient avec l'assentiment de l'hetman ; nous statuons et nous déclarons que ce sera une loi immuable que le même ordre de choses sera observé. Après la libération espérée de notre patrie du joug moscovite, sur l'indication de l'hetman et avec le consentement général, on élira un trésorier général, homme distingué, expérimenté, riche et intègre, qui ait le Trésor public sous sa tutelle, dispose des moulins et de tous les revenus publics pour les besoins publics, avec l'assentiment de l'hetman, et non pour ses besoins privés. L'illustrissime hetman, de son côté, n'aura aucun droit ni aucune prétention sur le Trésor public et ses revenus et ne les emploiera pas à ses besoins personnels, se contentant de son sort[56] et des revenus qui reviennent au sceptre[57] et à la personne hetmaniens comme : le Régiment de Hadiatch, le district de Cheptakiv, les terres de Potchep et d'Obolon', et d'autres revenus qui ont été, par les anciennes assemblées, attribués à la dignité hetmanienne. En surplus, l'illustrissime hetman ne devra pas, de par son autorité privée, usurper d'autres biens appartenant en commun à l'Armée Zaporogue et, spécialement, il ne pourra les distribuer aux moines, prêtres, et à des personnes qui ont moins mérité de la patrie, veuves sans enfants, fonctionnaires, et aux courtisans, serviteurs et autres personnes privées. Et non seulement ce trésorier général assermenté sera élu et devra résider auprès de l'hetman, à l'endroit où la résidence de l'hetman sera établie, mais dans chaque Régiment deux trésoriers assermentés aussi, personnes éminentes et riches, seront choisis d'un commun accord par le colonel et les chefs des deux classes

---

[56] *Sua [...] sorte*. Il s'agit ici plutôt de l'autre sens latin de *sors*, désignant un patrimoine, un capital.

[57] Le texte ukrainien traduit ce « sceptre » (*clava*) par *булава*, la « boulava » ou masse de commandement de l'hetman.

équestre et plébéienne[58], qui percevront les revenus des Régiments et les revenus civils et les impôts publics, les garderont en leur tutelle et direction et rendront chaque année compte de leur gestion. Et ces trésoriers des Régiments, étant subordonnés au trésorier général, devront connaître les revenus appartenant dans leur province au Trésor national, les percevoir et les rendre entre les mains du trésorier général. Les seigneurs colonels ne devront pas non plus prétendre à s'intéresser aux Trésors des Régiments, se contentant des revenus et bénéfices appartenant à leur dignité.

Commentaire

L'article IX organise les finances publiques de l'Hetmanat – là aussi, semble-t-il, en réaction à divers abus et à la tendance des hetmans et d'autres dignitaires à confondre leurs revenus privés et les ressources publiques.

Le principe est simple : l'hetman, et les colonels, payeront leurs dépenses privées au moyen des revenus de certains biens qui leur sont affectés. Le Trésor public de l'Armée Zaporogue, et les budgets locaux des Régiments, seront gérés par des officiers indépendants élus, le trésorier général exerçant une autorité hiérarchique sur ses collègues régionaux.

Les trésoriers rendront des comptes annuels. L'idée qu'ils doivent être choisis parmi les gens aisés part du principe optimiste qu'on vole moins quand on est déjà riche !

On remarque que la population « civile » (la prétendue « plèbe ») est associée au choix des trésoriers régimentaires,

---

[58] *Utriusque status equestris et plebeii*. La version ukrainienne dit ici : старшины войсковой и посполитой « des Anciens [ou · notables] de l'Armée et civils ». Nous avons modifié à cet endroit la traduction, qui dit de façon moins exacte : « *...seront choisis par l'assemblée générale du colonel et de l'état équestre, et des chefs de la plèbe* ».

parce que ceux-ci sont chargés de recouvrer les impôts qu'elle paye.

L'interdiction de donations par l'hetman des terres et des biens de l'Armée Zaporogue répond probablement à de trop grandes libéralités de Mazepa, qui avait été particulièrement généreux envers l'Eglise.

X

L'ordre dans tout le pays et dans l'Armée Zaporogue devant être maintenu et surveillé par l'illustrissime hetman, conformément aux devoirs de sa dignité, il devra surtout prendre garde que les simples militaires et la plèbe[59] ne soient pas imposés de fardeaux trop lourds, impôts, oppressions et extorsions violentes, à cause desquelles lesdits plébéiens, abandonnant leurs demeures, fuient et vont chercher dans les Etats étrangers, au-delà des frontières de leur patrie, une vie plus douce, meilleure et plus facile. Pour cela, les seigneurs colonels, centurions, atamans, et tous les officiers et tribuns, n'oseront pas employer à leurs corvées, travaux domestiques et particuliers, les Cosaques et plébéiens qui n'appartiennent pas à leur ministère, ni se se trouvent en leur possession personnelle, en les employant et forçant à la fenaison, à la moisson, à la réparation des digues, en leur reprenant violemment et achetant de force leurs terrains, les spoliant, pour quelque misérable faute de leur part, de leurs propriétés mobilières et immobilières. On ne pourra forcer les artisans à travailler sans indemnité ni employer les Cosaques à des commissions privées ; l'illustrissime hetman devra, de son autorité, défendre ces choses, il devra éviter lui-même ces abus pour donner l'exemple de l'abstention. Et comme tous ces fardeaux et oppressions pesant sur le peuple misérable viennent surtout des ambitieux qui veulent des emplois et qui, sans s'appuyer sur le mérite personnel, briguent pour leur lucre personnel et pour leur insatiable appétit des dignités militaires et civiles, corrompent et captent l'esprit de l'hetman, les Cosaques et le peuple[60] par des cadeaux et parviennent, sans élection, au comble des honneurs dans les Régiments et à d'autres fonctions, nous décidons que l'illustrissime hetman ne conférera à personne

---

[59] *Populo gregario et plebeio.* Le traducteur comprend la première expression comme visant les simples Cosaques, par opposition à l'élite ; de fait, on trouve à l'art. XIV « *gregarii Cosaci* ». La seconde désigne comme on l'a vu la population « civile » non cosaque. Dans la version ukrainienne : людѣмъ войсковымъ и посполитымъ.

[60] *Equestres plebeiosque.* Le traducteur écrit ici « la noblesse et le peuple ».

la dignité de colonel et d'autres fonctions équestres et civiles et ne les imposera pas par la force, en se laissant toucher par la corruption ou les honneurs, mais les fonctionnaires, et surtout les colonels, seront toujours élus par vote libre, et ensuite leur élection sera confirmée par l'autorité de l'hetman ; ces élections, toutefois, n'auront pas lieu sans le consentement de l'hetman. Cette loi devra être aussi observée par les colonels, qui ne pourront nommer les centurions et autres fonctionnaires sans le libre suffrage de tout le district, ni les destituer à cause de leurs offenses personnelles.

Commentaire

La période cosaque a laissé dans la mémoire collective ukrainienne le souvenir d'un âge de liberté, entre une domination polonaise et une administration directe russe caractérisées l'une et l'autre par l'asservissement des paysans. Mais dans l'Hetmanat, l'élite cosaque se considérait comme une noblesse militaire et regardait souvent avec un certain mépris la population « civile » paysanne. Progressivement, les chefs cosaques, détenteurs de grands domaines, tendirent à la réintroduction de certaines formes de servage, à travers notamment les corvées. Les Cosaques du rang se virent d'ailleurs menacés de la même exploitation que les simples paysans. Certains dignitaires s'attribuaient des biens de la façon la plus désinvolte. L'influence moscovite sur les hautes sphères de l'Hetmanat encourageait évidemment ces tendances. Il faut noter que l'hetman Mazepa, dès 1691, avait interdit de prendre aux simples Cosaques la terre conquise « *par leur sabre et leur sang* ». En 1692 et 1693, il confisca des propriétés que des officiers avaient illégalement accaparées. En 1701, il édicta une limitation des corvées paysannes à deux jours par semaine. Certains dirigeants cosaques étaient donc conscients des débordements de leurs collègues. Les *Pactes* interdisent ces pratiques et chargent l'hetman de donner l'exemple.

Le texte établit un lien entre ce problème et un autre, qui est la substitution progressive de la nomination à l'élection pour la désignation des colonels et d'autres officiers. Ce processus contraire à l'esprit des traditions cosaques avait commencé dès la fondation de l'Hetmanat par Bohdan Khmelnytsky. La désignation était devenue courante à la fin du XVIIe siècle, et le gouvernement moscovite s'en mêlait. La fin de l'article X réaffirme donc le principe de l'élection – et de la révocation – par l'assemblée du Régiment concerné.

Les *Pactes* ne définissent pas en détail, comme le ferait obligatoirement une constitution moderne, le rôle et les prérogatives de l'hetman. Mais cet article rappelle en passant qu'il est chargé du gouvernement de « tout le pays » et qu'il est chef d'Etat autant que chef d'armée. L'article XVI ajoute plus loin que « *Sa sage administration est chargée d'empêcher tout désordre dans le pays.* »

XI

Nous décrétons et ordonnons que les veuves des Cosaques avec leurs enfants orphelins, les femmes en l'absence des maris en campagne ou au service militaire, ne seront pas soumises aux charges de la plèbe et ne seront pas forcées de prendre part aux corvées ordinaires, et elles ne seront pas molestées par les extorsions d'impôts.

Commentaire

Ces dispositions protègent les femmes et veuves des Cosaques d'une partie des charges et obligations pesant sur la « plèbe », c'est-à-dire la paysannerie. Cela rappelle que la classe cosaque bénéficiait de divers privilèges et immunités qui la distinguaient de la population « civile ».

XII

Les villes ukrainiennes sont imposées de non moindres fardeaux que beaucoup de villages, leurs habitants étant passés sous la dépendance de certains tenanciers tant religieux que laïques, tandis que la plèbe qui les habite est exténuée par les mêmes fardeaux, sans aucun allègement, qu'elle portait auparavant avec l'aide des villages séparés et réduits. Pour cela, dans notre patrie délivrée des troubles des guerres et libérée du joug moscovite, il sera institué une révision générale, par des commissaires élus à cet effet, de toutes les terres publiques concédées. Le rapport sera présenté à la décision du conseil général résidant auprès de l'hetman, qui jugera et décidera à qui appartient ou n'appartient pas le droit de jouir des terres publiques et quels seront les impôts que devront payer les propriétaires et les corvées et obédiences que les sujets devront exécuter De même, et après cela, les charges de la plèbe malheureuse et abandonnée augmentent parce que beaucoup de Cosaques plus opulents exemptent de toutes charges urbaines ou vicinales les plébéiens qu'ils ont attirés dans leur concession sous prétexte de voisinage de droit. Mais des marchands plus opulents, se fondant sur des chartes de l'hetman et avec la faveur des colonels, évitent de payer les contributions publiques qui leur incombent, et refusent de venir en aide aux pauvres gens. Pour cela, l'illustrissime hetman ne manquera pas, par ses Universaux[61], de faire rentrer dans leur devoir tant les paysans, protégés par les Cosaques, que les marchands, et d'empêcher qu'on ne les protège encore.

Commentaire

L'article appelle à une révision et à une réorganisation des questions foncières et fiscales liées, d'une part à la propriété et à l'usage des « terres publiques », d'autre part aux impôts et contributions associés à l'usage de ces terres. Plus généralement, ce qui est décrit ici, c'est une mosaïque de

---

[61] *Universalibus suis*. L'universal était une proclamation de l'hetman (le nom est emprunté à la terminologie juridique polonaise).

situations locales où des paysans au service de Cosaques riches et des marchands ont obtenu, de façon plus ou moins régulière, des exemptions fiscales qui alourdissent d'autant les contributions payées par d'autres. L'hetman Philippe Orlyk est donc chargé, après la « libération », de procéder à une remise en ordre générale, sans ménager les Cosaques.

XIII

Il est statué par cet acte électoral que la capitale de la Ruthénie, Kiev[62], et les autres cités d'Ukraine[63] seront maintenues intactes et inviolées dans tous leurs droits et privilèges accordés par la loi. La confirmation en est laissée à l'autorité de l'hetman qui choisira son temps pour la proclamer.

Commentaire

De nombreuses villes d'Ukraine jouissaient de l'autonomie, en vertu du Droit de Magdebourg, accordé par diverses chartes des grands-princes de Lituanie puis des rois de Pologne (Kiev l'avait obtenu en 1494). Elles défendaient d'ailleurs cette autonomie aussi contre l'administration cosaque : certaines d'entre elles, en 1654, avaient prêté serment directement au tsar de Moscovie.

Les auteurs des *Pactes* s'engagent ici à respecter ces libertés municipales. On note toutefois que cette garantie de principe est subordonnée à une confirmation par l'hetman, ce qui est probablement conçu comme une arme politique aux mains de celui-ci dans de futures négociations avec les villes.

---

[62] *Metropolis Urbs Rossiæ, Kiiovia.* Dans la version ukrainienne : *Городъ столечный Кіевъ.*
[63] Le texte ukrainien précise : *иные украинскіе городы зъ маистратами своими* « les autres villes d'Ukraine avec leurs municipalités ».

XIV

Entre les charges dont la plèbe et les simples Cosaques ont le plus à se plaindre dans notre patrie roxolane[64], il n'en est pas de plus lourde pour le peuple que les courses et les voiturages causés par le nombre des allants et venants, pour les charrois publics, courses fondées sur un droit non sanctionné, car d'innombrables voyageurs des deux ordres[65], soit pour les affaires publiques, soit pour leurs propres affaires, passent par les villes et les villages roxolans des deux rives du Borysthène, et très souvent même les domestiques non seulement de l'hetman, mais des Anciens, des colonels, des centurions et des Compagnons d'armes distingués, et même des dignitaires spirituels exécutant quelque mission. Quelques-uns même, en entreprenant un voyage pour leur plaisir ou par nécessité, forcent les habitants des villes, des forteresses et des villages à leur faire des dons insolites . victuailles, boissons, transports, convois et gardes. Il y a même beaucoup de ces ravisseurs impies, surtout parmi les serviteurs, qui, sans aucune nécessité, fixent un immense nombre de chevaux de trait et, lorsque les habitants des villes et des villages refusent de les fournir, ils les forcent à le faire par des paroles offensantes et des coups afin que lesdits habitants des villes les apaisent par des offres de ne pas payer les prix convenables[66] D'autres aussi emmènent les chevaux de trait, se les approprient et les vendent. Il y a aussi beaucoup d'Anciens, de colonels et d'autres dignitaires spirituels ou laïques qui forcent les habitants des villes à réparer leurs voitures aux frais de la ville, à préparer et à livrer à leurs serviteurs des vêtements de diverses espèces, et qui ne rougissent pas de demander et d'exiger des municipalités, par des serviteurs inférieurs ou habiles, des amusements ou des choses nécessaires à leur cuisine. Pendant ce temps-là, les résidents eux-mêmes, pour gagner la bonne volonté et le

---

[64] *In Roxolana patria nostra.* La version ukrainienne dit simplement *на Украинѣ* « en Ukraine ».

[65] C'est-à-dire cosaques et « civils ».

[66] Autrement dit . pour mettre fin aux violences de leurs visiteurs indésirables, les citadins ou les villageois sont contraints de proposer des rabais sur les prix des denrées ou des services qu'ils fournissent.

respect et pour la gloire de leur nom, fournissent en abondance ce que veulent les supérieurs et leurs serviteurs, même s'ils font des voyages privés et non pour affaires publiques. Souvent aussi les habitants, surtout des villes et des villages, acceptent gaiement et recherchent même les occasions d'accorder l'hospitalité à ceux qui arrivent et, lorqu'ils ont fourni un peu de nourriture et de boisson sous prétexte d'une si grande hospitalité, on fait venir différentes boissons et l'on boit assez, ils distribuent des victuailles, puis ils insèrent tout cela au budget des dépenses publiques, par ce fait la plèbe voit ses dettes et ses impôts aggravés et se voit réduite à une extrême misère. Donc lorsque la patrie sera délivrée des troubles actuels et affranchie du joug des Moscovites, l'illustrissime hetman n'aura pas de peine d'établir avec l'aide du peuple, dans toutes les villes de ses Etats, une organisation telle que dans chaque ville soit juré un trésorier, dépendant du trésorier du Régiment, qui prendra soin de toutes les recettes et de toutes les dépenses, et qui fera un compte de l'état des finances. Si de ces calculs, qui seront faits chaque année, il appert qu'il a fait des dettes pour des dépenses justes, la ville devra lui rendre cet argent en compensation, toutes les dépenses auxquelles il aura été astreint pour faire la comptabilité, il faudra qu'il les insère, qu'il dise aussi dans quels voyages il a été entraîné, avec quel passeport il a voyagé et quels ont été les frais de ces voyages.

Et surtout l'illustrissime hetman prendra soin extrême d'extirper, dans notre patrie, les voitures de poste, les convois, les voiturages abusifs et les dons forcés, en se conformant aux lois des pays étrangers où l'on ne voit nulle part une coutume si perverse et si écrasante pour la plèbe.

Mais pour le transport régulier des lettres d'après l'exemple des Etats étrangers, l'illustrissime hetman organisera dans certains Régiments de ses Etats et aux frais du gouvernement une poste publique, qui formera le sujet de plus amples discussions au conseil général qui l'organisera plus efficacement.

Commentaire

Ce long article donne la mesure des abus commis, à l'occasion de voyages professionnels ou même privés, par divers personnages importants et leur suite (la situation était-elle vraiment meilleure dans d'autres pays, comme le croient les auteurs des *Pactes* ?). La question était apparemment très sensible, et l'hetman se voit chargé à l'avenir d'interdire ces pratiques et d'organiser une poste d'Etat.

Le texte prévoit aussi la désignation, dans chaque ville, d'un trésorier dépendant de celui du Régiment territorial concerné. L'administration cosaque se réserve ainsi un droit de regard sur les finances municipales – dans l'intérêt de celles-ci et des habitants.

On note l'emploi du nom archaïsant des Roxolans appliqué à l'Ukraine. Les vrais Roxolans étaient l'une des grandes subdivisions des Sarmates, ces nomades de langue iranienne qui avaient dominé de grandes parties des steppes européennes des IIIe-IIe siècles av. J.-C. aux IIIe-IVe siècles de notre ère. Les Sarmates étaient considérés comme les ancêtres des Slaves ou en tout cas de leurs classes dirigeantes nobiliaires. Les Ukrainiens revendiquaient plus particulièrement une ascendance roxolane, parce que les Roxolans avaient résidé dans les steppes pontiques et surtout parce que leur nom évoquait celui de la *Rous'* / Ruthénie. Aux XVIe et XVIIe siècles, l'usage des termes savants « Roxolanie » et « Roxolans » pour désigner l'Ukraine et les Ukrainiens était courant en littérature[67]. Dans les *Pactes*, il est limité au texte latin.

---

[67] Sur ces questions, cf. Lebedynsky, I., *Scythes, Sarmates et Slaves*, L'Harmattan / Présence Ukrainienne, Paris, 2009.

XV

Puisque les redevances payées annuellement aux Compagnies et aux Serdiouks et pour d'autres dépenses, ainsi que les logements forcés pour les Compagnies et les Serdiouks sont regardés par tous les habitants roxolans, tant équestres que plébéiens[68], comme des fardeaux et des surcroîts de charges iniques, ces redevances et ces logements seront abolis et entièrement supprimés.

Le Trésor public ruiné devra être restauré et reconstitué pour les affaires publiques et pour balancer le budget ; on discutera cette question qui sera résolue au conseil général, on fixera de même le nombre de troupes payées, cavalerie et infanterie, qu'il faudra entretenir après de l'illustrissime hetman après la fin de la guerre.

Commentaire

Les « Compagnies » (*Companiæ* dans le texte latin, *компанѣи* en ukrainien) sont les unités à cheval créées par l'hetman Damian Mnohohrichnyï (1669-1672) pour assurer la sécurité publique : une sorte de gendarmerie. Les « Serdiouks » (*Сердюки*, du turc *sürtük* « accompagnateur, héraut ») étaient des mercenaires permanents au service de l'hetman. Ces troupes parallèles étaient très impopulaires chez les Cosaques, qui jugeaient à juste titre qu'elles constituaient une armée privée aux mains de l'hetman – et coûtaient fort cher. Elles n'étaient cependant pas dépourvues d'efficacité, comme le montre la résistance acharnée aux Moscovites de la garnison de Batouryn, largement composée de Serdiouks, en 1708. L'article XV, sans évoquer directement leur suppression, abolit leur financement et leurs facilités de cantonnement.

---

[68] La traduction dit « tant nobles que plébéiens ». Dans le texte latin, on a : *ab omnibus incolis Roxolanis, equestribus et plebeis*, et dans la version ukrainienne : *отъ всѣхъ обывателей малороссійскихъ войсковыхъ и посполитыхъ*. Il faut comprendre : « tant cosaques que civils ».

Le rétablissement annoncé du budget de l'Hetmanat passe aussi, comme on le voit, par un contingentement strict des troupes nécessaires en temps de paix. Il semble que, comme le paragraphe précédent, celui-ci vise les troupes mercenaires, « soldées » (*copiæ stipendiariæ*), placées sous le commandement direct de l'hetman, et non l'ensemble de l'armée cosaque.

Il est probable que ce qui est présenté comme des mesures d'économie constitue en même temps une précaution politique, pour réduire la marge de manœuvre de l'hetman.

XVI

Très souvent la plèbe malheureuse crie vengeance et se plaint que les fermiers généraux[69] et les adjudicateurs des foires[70] lui imposent toutes espèces de conditions insolites et innombrables qui empêchent le pauvre peuple d'avoir libre entrée aux foires pour y vendre des choses bon marché pour alléger sa misère, ou pour acheter les objets nécessaires au ménage, sans être obligé de payer de lourds octrois. A Dieu ne plaise que qui que ce soit commette la moindre contravention, autrement le surveillant des foires les écorchera de pied en cap ! C'est pourquoi nous demandons que les fermiers généraux et leurs agents ne lèvent que les droits d'entrée et de sortie[71] pour les finances de l'Armée, et ceci exclusivement sur les marchandises désignées par les Universaux ; ils ne réclameront rien de trop aux marchands et feront le moins de mal possible aux pauvres bons chrétiens. Nous demandons que les commissaires des foires fassent payer ceux qui sont tenus de payer les impôts, mais non les miséreux qui viennent aux foires pour vendre les produits de leur industrie domestique ou pour acheter les objets nécessaires à l'entretien de leur famille. Ils ne s'arrogeront le droit de juger, non seulement aucune affaire criminelle, mais aussi aucune affaire civile , ils ne devront faire aucune levée arbitraire sur les habitants des villes et des campagnes. L'hetman, par ses soins intelligents et son autorité, veillera qu'aucune de ces violations n'ait lieu. Sa sage administration est chargée d'empêcher tout désordre dans le pays. Les droits et les libertés de l'Armée sont remis entre ses mains pour qu'il les défende et qu'il les conserve inviolés, ainsi que pour faire observer toutes les stipulations de ces Pactes et Constitutions, que Son Excellence a bien voulu confirmer, non seulement par sa signature, mais par un serment solennel et en y apposant le sceau public. Voici le formulaire du serment.

---

[69] *Tenutarii.*
[70] *Commissarii Nundinarii.*
[71] *De inductione et evectione* : les taxes d'importation et d'exportation. Elles étaient en général de 2 % du prix des articles.

Commentaire

Les *Pactes* se terminent sur cet article économique et aussi social, puisqu'il promet la détaxation du petit commerce.

Plus généralement, avant la Grande Guerre du Nord, le commerce jouait un grand rôle dans l'économie ukrainienne. L'Hetmanat exportait des bovins sur pied et du cuir, de l'eau-de-vie, du tabac, du blé, du chanvre, de la potasse, du poisson séché, et importait des objets manufacturés et des outils agricoles, des armes, de la laine, de la soie, du lin, etc. On estime que le montant des exportations ukrainiennes vers la Pologne représentait, en 1710, un million de roubles – chiffre colossal à comparer au budget total de la Moscovie en 1708 : 3,4 millions de roubles[72].

---

[72] *Ukrainian Economic History*, Harvard, 1991.

[Serment de l'hetman Philippe Orlyk]

Moi, Philippe Orlyk, nouvellement élu hetman de l'Armée Zaporogue, ayant été élu librement et d'après les anciennes lois et les usages de la patrie, et avec le consentement de Sa Majesté Royale de Suède, notre Protecteur, par l'assemblée des Anciens et par toute l'Armée Zaporogue qui se trouve près de Sa Majesté Royale et par des députés de celle qui se trouve sur les rives inférieures du Borysthène, ayant été ainsi élevé à la suprême dignité hetmanienne, je jure devant Dieu notre Seigneur, magnifié dans la Sainte Trinité, d'observer tous ces Pactes et Constitutions annexés ici et convenus à l'unanimité comme il est certifié dans cet acte de mon élection, entre moi et cette même Armée Zaporogue, passés et établis comme lois, et de les appliquer immuablement dans toutes les stipulations, tous les points et toutes les clauses, de brûler d'amour, de bonne foi et du soin le plus constant pour le bien de notre patrie roxolane, notre mère, de défendre l'intégrité de son territoire, de chercher à étendre les lois et les libertés de l'Armée Zaporogue, de toutes les manières que je pourrai et de toutes mes forces, de n'entrer dans aucun conciliabule avec les potentats ni avec les peuples étrangers, et à l'intérieur de ne rien faire qui puisse être nuisible à la patrie, de soumettre toutes les allégations secrètes venant de l'extérieur, et qui pourraient être nuisibles à la patrie et aux droits de la liberté, aux Anciens, aux colonels et à qui de droit. Je m'engage et m'oblige à montrer du respect pour les personnes dignes, qui ont bien mérité du pays, à tous les compagnons d'armes supérieurs et inférieurs je devrai montrer de l'amour, et punir les coupables selon les articles des lois. Que Dieu m'aide, ainsi que l'Evangile immaculé et la Passion innocente du Christ.

Et je signe cette déclaration de ma main et la confirme en y apposant le sceau public.
Fait à Bender, en l'an de grâce 1710, le 5 avril.

[Confirmation de l'élection de Philippe Orlyk et des *Pactes & Constitutions* par Charles XII, roi de Suède]

Nous, Charles XII, par la grâce de Dieu roi des Suédois, des Goths, des Vandales, grand-duc de Finlande, duc de Scanie, d'Estonie, de Livonie, de Carélie, de Brême, de Versa, de Stettin, de Poméranie, de Kachoubie, et de Vandalie, prince de Rügen, seigneur d'Ingrie et de Wismarie, comte palatin du Rhin, duc de Bavière, de Juliers, de Clèves et de Mons, etc., etc.,

A tous et à chacun à qui il importe ou pourrait importer en quoi que ce soit, Nous faisons savoir et Nous constatons

Que l'illustre nation ruthène et toute l'Armée Zaporogue par un vote unanime ont élu pour hetman l'illustrissime seigneur, le seigneur Philippe Orlyk, à la place du défunt hetman Jean Mazepa, mort pieusement, et qu'il a été arrangé avec lui certaines lois et certaines conditions pour l'administration de l'Etat[73] selon les formes et les lois antiques du pays, pour la protection de la religion des ancêtres et pour conserver la liberté inviolable et les privilèges de tous et de chacun, en Nous priant très humblement de corroborer de Notre autorité royale et de ratifier tout ce qui a été ainsi librement conçu et sanctionné, voté dans une forme juste, constante et inviolable. C'est pourquoi Nous, non moins que Nos prédécesseurs, les rois de Suède d'illustre mémoire, Nous avons témoigné à la fameuse nation ruthène et à toute l'Armée Zaporogue une grande faveur, Nous avons studieusement recherché leur bien-être et leur accroissement et Nous avons approuvé ces Pactes et Constitutions des lois et des libertés de l'Armée Zaporogue, entre l'illustrissime seigneur hetman, le seigneur Philippe Orlyk, et les chefs de la nation ruthène et son Armée Zaporogue, adoptés par l'assemblée des deux parties et dans une libre élection et confirmés par serment par ce même illustrissime hetman le 5 avril de l'an 1710. Et ainsi par la présente Nous approuvons et Nous ratifions ces choses qui ne peuvent avoir d'autre but que le salut et l'utilité

---

[73] *Republica* [sic !].

publics, qui engagent Notre parole royale, et Nous les défendrons toujours.

Pour augmenter la confiance de tous, Nous avons commandé d'apposer Notre sceau à ce document signé de Notre main.

Donné en la ville de Bender, le 10 mai de l'an de grâce 1710.

CHARLES
H. G. von Mullern.

ÉVALUATION :
LA « PREMIÈRE CONSTITUTION » ?

Les *Pactes & Constitutions* de Bender ont fait l'objet de nombreuses analyses et discussions depuis leur redécouverte par les historiens du XIXe siècle. Les controverses se sont ranimées depuis l'indépendance de l'Ukraine (1991) et le début de la révision de l'histoire ukrainienne telle qu'elle était enseignée à l'époque soviétique. Le tricentenaire du texte de 1710 suscite naturellement un intérêt renouvelé.

Beaucoup de commentaires ignorent malheureusement le détail du texte et sa signification. L'idée que les *Pactes* seraient non seulement une constitution au sens moderne du terme, mais encore la première du genre en Europe et dans le monde, est devenue un lieu commun chez beaucoup d'Ukrainiens. Or, elle est très contestable, et elle risque aussi de faire oublier le vrai intérêt de ce texte exceptionnel.

Une première évidence se dégage de la lecture : les *Pactes* sont essentiellement un programme. Ses dispositions devaient s'appliquer, comme le rappellent presque tous les articles, « après la fin de la guerre », « après la libération de la patrie », etc. Il ne s'agit pas, dans les circonstances de l'exil, de droit positif, mais d'un énoncé des principes qui devront guider l'hetman Orlyk une fois au pouvoir.

Cette observation ne répond cependant pas à la question de la nature « constitutionnelle » des *Pactes*. Après tout, une vraie constitution peut fort bien être rédigée, à défaut d'être appliquée, en exil. On a donc ici, c'est entendu, un projet, mais un projet de quoi ?

Le nom même de « constitution(s) » ne doit pas égarer. Le terme latin de *constitutio*, dont le sens initial est large[74], a

---

[74] En dehors des significations générales (arrangement, formation, disposition...), le sens juridique est très vague : loi, statut, édit, décret, institution, constitution...

désigné divers types d'actes juridiques. Le titre complet de *Pactes & Constitutions des lois et libertés de l'Armée Zaporogue* ne renvoie pas à une « constitution » au sens actuel, mais à une sorte de synthèse contractuelle des règles d'organisation et des privilèges des Cosaques.

Il est vrai que, comme d'ailleurs de nombreux « universaux » des hetmans, les *Pactes* ne se limitent pas aux affaires cosaques et que certaines de leurs dispositions visent plus largement l'ensemble de la population ukrainienne. On peut résumer sous forme de tableau le périmètre des différents articles (sachant que tous concernent peu ou prou l'hetman Orlyk, garant de leur application future) :

Article	Concerne L'Armée Zaporogue (« Enregistrée », « des villes »)	Concerne L'Armée Zaporogue du Dniepr inférieur (la Sitch)	Concerne la population « civile » de l'Ukraine
I	X	X	X
II	X	X	X
III	X	X	
IV		X	
V		X	
VI	X		
VII	X		
VIII	X		
IX	X		
X	X		X
XI	X		
XII	X		X
XIII			X
XIV	X		X
XV	X		X
XVI			X

Du point de vue du contenu, le texte n'est pas une loi fondamentale complète. Rien n'y précise, par exemple, les règles de recrutement de la classe cosaque et de délimitation entre elle et la population « civile ». La noblesse – c'est-à-dire l'ensemble des familles, cosaques ou non, auxquelles ce stetut avait été reconnu à une époque ou à une autre – n'est pas mentionnée en tant que telle malgré son importance économique et sociale (rappelons que la « classe équestre » du texte latin vise les Cosaques). Les *Pactes* condamnent certains aspects du quasi-servage pesant sur diverses catégories pauvres, et veulent surtout en préserver les Cosaques, mais n'énoncent pas de règle générale à ce sujet. A l'intérieur même de l'« Armée Zaporogue », les seules dispositions précises sont celles qui brident le pouvoir de l'hetman. Mais les articles ne décrivent ni ne réglementent de façon globale le gouvernement cosaque : on n'y trouve ni énumération des principales charges (convoyeur général, juges généraux, secrétaire général, porte-bannière général, porte-enseigne général…), ni définition de leur mode d'élection ou nomination et de leurs fonctions. Le trésorier général est le seul membre de la *Starchyna* générale, du groupe des « Anciens », qui soit expressément cité. Le texte réaffirme cependant le principe électif pour le choix de ce personnage, et des colonels et trésoriers des Régiments territoriaux (art. IX et X).

L'autonomie municipale est garantie (art. XIII), mais les rapports entre les villes et le gouvernement cosaque ne sont pas définis.

Les relations entre les deux « Armées Zaporogues » ne sont pas non plus absolument claires. Avant 1709, la Sitch avait une administration indépendante de celle de l'Hetmanat, avec sa propre assemblée et ses dirigeants librement élus. Le *kochovyï otaman* de la Sitch (l'« ataman prétorien » des *Pactes*) n'était pas subordonné à l'hetman. Le texte ne confirme ni n'infirme cette indépendance. D'un côté, il rappelle les droits territoriaux des Cosaques du Dniepr inférieur (art. IV et V), ce qui suggère une restauration de leur précédente organisation souveraine. De l'autre, il s'avère que Philippe Orlyk a été élu hetman par une assemblée tenue « *sous la présidence du seigneur Constantin Hordiïenko, ataman prétorien* » et en concertation « *avec les Anciens et les députés de l'Armée Zaporogue de la Sitch* » (Préambule).

En outre, la Sitch enverra ses représentants à l'assemblée générale qui se tiendra trois fois par an (art. VI). Les Zaporogues du bas Dniepr sont donc associés au gouvernement de l'Hetmanat, sans être apparemment intégrés à ce dernier.

Les nombreuses imprécisions du texte, qui le distinguent radicalement d'une « constitution » moderne, se comprennent mieux si l'on se souvient qu'il a pour vocation, non de créer de toutes pièces un ordre juridique nouveau, mais de réaffirmer de grands principes et de réinstaurer une pratique cosaque qui avait connu diverses déviations du fait des abus des hetmans et d'autres hauts personnages. Les *Pactes* ne cherchent pas à décrire complètement un régime ou un système, mais à apporter les correctifs nécessaires à un ordre existant et connu de tous.

L'accent mis sur la limitation des pouvoirs de l'hetman a suggéré à certains commentateurs, comme l'historien ukrainien Orest Soubtelny, une assimilation des *Pactes & Constitutions* aux *Pacta Conventa*, ces accords conclus dans différents pays (Pologne, Hongrie, Croatie) entre le souverain et la noblesse, et définissant les droits et devoirs de chacun. Cett interprétation nous tente assez. D'une part, les Cosaques d'Ukraine connaissaient bien le modèle des *Pacta Conventa* signés, à partir de 1573, par les rois de Pologne nouvellement élus et par lesquels ils prenaient un certain nombre d'engagements envers la « nation » — c'est-à-dire en l'occurrence la noblesse. D'autre part, le titre même du document ukrainien semble revendiquer cette filiation : *Pacta & Constitutiones [...] inter X et Y [...] conventa...*[75] Son contenu est très semblable : programme de gouvernement

---

[75] C'est encore plus visible dans le titre de la version abrégée du texte latin : *Contenta **Pactorum inter Ducem et Exercitum Zaporoviensem conventorum**, in compendium brevi stylo collecta*. Il est vrai que les Pactes de 1710 sont censés lier non seulement l'hetman Orlyk, mais « ses successeurs, les futurs hetmans de l'Armée Zaporogue ». Cela ne nous paraît pas contredire l'analyse présentée ici.

(ici : après la reconquête projetée), et garantie des droits et des privilèges, le tout sous forme de contrat entre le souverain (ici : l'hetman) élu et l'élite socio-militaire (ici : la classe cosaque et plus précisément son groupe dirigeant) formant la « nation politique » – la partie politiquement capable et active de la population. On se trouve ainsi dans un cadre juridique non pas constitutionnel au sens actuel, mais pré-constitutionnel, celui du système parlementaire aristocratique qui caractérisait notamment la Pologne classique[76].

Les *Pactes* ne sont donc pas la « première constitution ». Ils appartiennent à une longue lignée de documents remontant au Moyen Age et dont ils adaptent l'esprit à la situation ukrainienne du début du XVIIIe siècle. Cette constatation ne retire rien à leur intérêt. Ils sont en effet le plus parfait témoignage de la pensée politique des élites cosaques ukrainiennes (en tout cas de leur courant anti-moscovite). Si l'on considère, au-delà du détail de dispositions dont beaucoup n'avaient qu'un intérêt conjoncturel, leur inspiration générale, on y trouve les grandes idées suivantes :

1) La nation ukrainienne (« ruthène », « petite-russienne », « roxolane »), « l'illustre nation ruthène »[77] comme l'écrit Charles XII de Suède dans son diplôme de 1710, est entièrement distincte de l'ensemble moscovite dont seule la religion la rapproche. Elle a sa propre histoire, ses droits historiques – dont celui de choisir librement ses alliés ou protecteurs.

2) Cette nation est dirigée et représentée par la classe cosaque, l'« Armée Zaporogue », qui a défendu ses intérêts et pris en main son destin lors de la révolte de 1648. Le territoire ukrainien évoqué par les *Pactes* correspond

---

[76] Rappelons que la même appellation de *pacta conventa constitutionesque* désigne dans le Préambule les accords de 1654 par lesquels le tsar Alexis Romanov garantissait aux Cosaques d'Ukraine son aide, sa protection et leurs « Libertés ».
[77] *Inclyta* [sic !] *gens Rossiaca*.

d'ailleurs aux seize Régiments entre lesquels Bohdan Khmelnytsky avait divisé les trois palatinats polonais de Kiev, Bratslav et Tchernihiv, et aux terres de l'« Armée Zaporogue du Dniepr inférieur » autour de la Sitch : ce n'est pas tout le territoire ethnographique ukrainien de l'époque (il exclut notamment la Galicie et la plus grande partie de la Volhynie), mais la zone d'influence traditionnelle des structures cosaques. Plus tard, Grégoire Orlyk parlera directement de « nation cosaque ». Les Cosaques ont des droits et privilèges, mais aussi des devoirs vis-à-vis de la population « civile » qu'ils protègent et administrent.

3) Traditionnellement, les Cosaques (les Cosaques « Enregistrés », mais aussi, souvent, ceux de la Sitch) se plaçaient sous le patronage d'un souverain. Ils étaient, comme on le lit sur leurs sceaux, l'« Armée Zaporogue de Sa Grâce Royale » dans le cadre polonais, ou l'« Armée Zaporogue de Sa Majesté Tsarienne [plus tard : Impériale] » dans le cadre moscovite. Les *Pactes* les placent, de façon appuyée, sous la protection du roi de Suède, mais il est clair qu'il s'agit précisément d'une protection et d'une alliance, non d'une soumission politique. Les signataires s'intitulent d'ailleurs « Armée Zaporogue » tout court, sans référence à un souverain. Aucun article ne donne au « protecteur » suédois un quelconque droit de regard sur les affaires cosaques et ukrainiennes. Charles XII n'apparaît que comme allié militaire et garant des libertés zaporogues – bien qu'il soit clair que son approbation a été requise pour l'élection de l'hetman Orlyk. Ainsi, même si le texte n'emploie pas cette terminologie moderne, il définit un Etat cosaque ukrainien indépendant, aux frontières fixées par des traités internationaux (art. II), étroitement allié au khanat de Crimée (art. III) et protégé par la garantie diplomatique et militaire de la Suède.

4) La classe dirigeante cosaque, après presque soixante ans de domination moscovite, adhère toujours à un modèle politique radicalement opposé au « despotisme » moscovite,

c'est-à-dire à l'autocratie tsarienne. Ce modèle est un compromis entre les traditions proprement cosaques de souveraineté de l'assemblée générale avec élection et révocation des responsables, et le système polonais de gouvernement aristocratique coiffé par un roi électif au pouvoir limité.

Sous cet angle « idéologique », les *Pactes & Constitutions des lois et libertés de l'Armée Zaporogue* reflètent parfaitement une culture politique élaborée et originale, incompatible avec l'autocratie moscovite, et que le nouvel empire russe, de Pierre Ier à Catherine II, allait détruire au cours des décennies suivantes. Il faut peut-être souligner à ce propos, spécialement pour le lecteur français, combien les *Pactes* – comme de nombreux autres documents des XVIe-XVIIIe siècles – donnent une image des Cosaques d'Ukraine différente des caricatures truculentes bien connues. Polyglottes, bon juristes, diplomates et mécènes, les chefs cosaques ukrainiens ressemblaient assez peu au fameux mais imaginaire Taras Boulba !

ANNEXE 1 :
TEXTE LATIN DES *PACTES & CONSTITUTIONS*[78]

**PACTA ET CONSTITUTIONES
LEGUM LIBERTATUMQUE
EXERCITUS ZAPOROVIENSIS**

INTER ILLUSTRISSIMUM DOMINUM DOMINUM PHILIPPUM ORLIK, NEOELECTUM DUCEM EXERCITUS ZAPOROVIENSIS, ET INTER GENERALES, COLONELLOS, NEC NON EUNDEM EXERCITUM ZAPOROVIENSEM, PUBLICO UTRIUSQUE PARTIS LAUDO CONVENTA AC IN LIBERA ELECTIONE FORMALI IURAMENTO AB EODEM ILLUSTRISSIMO DUCE CORROBORATA, ANNO DOMINI 1710, APRILIS 5, AD BENDERAM

IN NOMINE PATRIS ET FILII ET SPIRITUS SANCTI, DEI IN SACROSANCTA TRINITATI GLORIFICATI.

Fiat ad perpetuam Exercitus Zaporoviensis gentisque Rossiacæ gloriam et memoriam.

Mirabilis et incomprehensibilis Deus in iudiciis suis, misericors in diuturna patientia, iustus in pœna, ut continuo a condito hoc visibili mundo, iustissima iudicii sui lance una regna gentesque exaltat, altera pro delictis et iniquitatibus humiliat, una demancipat, altera vindicat, una extollit, altera deprimit. Ita et gentem strenuam antiquamque Cosaticam, antea nominatam Cossaricam, prius exaltaverat immoritura gloria, amplo dominio et factis heroicis, quibus non solum vicinis nationibus verum et ipsi Imperio Orientali in mari terraque fuerat formidanda adeo, ut Imperator Orientalis pacificandam illam sibi intendens, connubio iunxerit stabili propriamque dicaverit filio suo filiam Cagani, hoc est principis Cosacorum. Post glorificatus in excelsis idem iustissimus Iudex Deus pro multiplicatis[79] iniquitatibus et peccatis, multitudine pœnarum punitam eandem Cosaticam gentem deiecit, humiliavit et vix non æviterna depressit ruina. Ad extremum victricibus Boleslai Chrobry et Stephani Batorii, Regum Poloniorum armis, regno

---

[78] Le texte donné ici est essentiellement celui de l'édition de 1916, mais avec diverses corrections effectuées d'après d'autres versions, notamment à l'article II où manque un passage. Nous avons signalé certaines variantes.

[79] Var. : *multiplicibus*.

Poloniæ subiugavit. Et quamvis immensus et inconceptibilis in iustis iudiciis suis Deus castigans castigaverat antenatos nostros numero plagarum innumero, tamen irascens et non ad extremum in malitia perseverans volensque ad pristinum libertatis prædicatam gentem Cosaticam, excuso pro tunc gravi iugo Polonico, restituere, suscitavit zelo Orthodoxæ Religionis, patriæ legum et libertatum veterum, fervidum propugnatorem, strenuissimum Ducem, æviternæ memoriæ Theodatum Chmielniccium, qui auxilio Eius divino, invictissimis suppetiis Serenissimi Regis Sueciæ, immortalis et gloriosæ memoriæ Caroli X, ac unitis auxiliatricibus Dominii Crymensis et Exercitus Zaporoviensis armis suaque perspicaci industria, cura, opere et animi magnitudine, vindicato de servitute Polonorum Exercitu Zaporoviensi genteque mancipata ac oppressa Rossiaca, subdidit sese et eam sponte sua absoluto Moscovitico Imperio, confisus ipsi tanquam unionis ritu nobis uniformi, quod obligationes suas pactis conventis constitutionibusque annexas, et iuramenti ligamento connexas observaverit, et in perpetuum Exercitum Zaporoviensem gentemque liberam Rossiacam, iuribus legum ac libertatum inviolatis sub protectione sua conservaverit , ast post obitum pie defuncti eiusdem Ducis Theodati Chmielniccii, cum idem Imperium Moscoviticum multis acquisitis modis et mediis conniteretur iisdem libertatis Exercitus Zaporoviensis iuribus fide sua confirmatis derogare ac finalem ruinam inferre, gentisque liberæ, vi armorum nunquam sibi adscitæ, mancipale iugum imponere , tunc quotiens Exercitus Zaporoviensis in his violentiam patiebatur, totiens compulsus fuerat sanguine proprio et audaci nisu integritatem legum ac libertatum suarum defendere, quarum defensioni ipse Deus iniuriarum vindex suppetiis suis propitius erat. Ad extremum cum iam nunc recenter sub auspiciis pie defuncti Ducis Illustrissimi Ioannis Mazeppæ præfatum Imperium Moscoviticum intendens sua impia vota actu exequi retribuensque nobis mala pro bonis, loco græci animi, respectuumque iudiciorum pro tot tantisque fidelibus servitiis atque impensis in ilia ad ultimam sui ruinam militaribus sumptibus, pro innumeris heroicis actionibus ac bello consecratis cruentis laboribus, voluerat Cosacos in regularem militiam transformare, urbes ditioni suæ adigere, iura ac libertates evertere, Exercitum Zaporoviensem, in inferioribus partibus Borysthenis degentem, eradicare et nomen eius in æternum delere, quorum omnium evidentia erant et nunc exstant indicia, documenta ac initia , tunc præfatus piæ memoriæ Dux Illustrissimus, Ioannes Mazeppa, iusto motus zelo pro integritate patriæ legum ac libertatum Exercitus Zaporoviensis, et anhelanti desiderio flagrans, in diebus Ducatis suæ præeminentiæ intueri, et post decessum suum propter æviternam nominis sui memoriam, eandem patriam nostram, ac utrumque Exercitum Zaporoviensem non modo intactis verum ampliatis et auctis libertatibus florentem relinquere, contulit sese invictissimæ protectioni Serenissimi ac Potentissimi Regis Sueciæ Caroli XII speciali divina providentia cum copiis suis in Ucrainam diversi, insistendo vestigiis antecessoris sui piæ memoriæ strenuissimi Ducis Theodati Chmielniccii, qui cum Serenissimo Rege Sveciæ S-æ R-æ Maiestatis univoco avo Carolo X, unanimi consensu et stratagemmatum industria in eliberanda patria sua e gravi protunc Polonica servitute conferens, non minus sortitus votis suis conforme auxilium, pro divertendis armis Polonicis. Et quamvis immensa iudicia Dei, tam zelosa pie defuncti Ducis intenta, contrario mutabilis bellorum sortis eventu non solum eluserint, sed ipsum quoque hic Benderæ iura mortalitatis subeundum adigerint, attamen orbatus post obitum antesignani sui Ducis Exercitus Zaporoviensis, non desperans optandam sibi libertatem collocansque firmam spem in auxilio Dei, in protectione Serenissimi ac Potentissimi Regis Sueciæ atque in iusta sua causa, quæ semper triumphare solet, ad promovendam eam propterque meliorandum militarem Ordinem constituit communi officialium Generalium laudo insistens approbanti vota sua Serenissimi Protectoris Nostri S-æ R-æ Maiestatis Sueciæ menti eligendum novum Ducem, cuius electionis præfixo tempore, cum in complenti huic actui electorali loco prope Benderam ad ineundum publicum consilium cum Præside suo, Domino Constantino Hordienko, Attamano Prætoriano, convenisset, tum omnes non dissono animo cum Generalibus, Officialibus cumque missis ab Exercitu Zaporoviensi in Siecz degenti, in unum pro veteri consuetudine legibusque antiquis eligerunt sibi liberis votis Ducem Dominum Dominum Philippum Orlik, dignum tantæ Ducalis dignitatis capacemque, cum auxilio divino, suffragante sibi S-æ R-æ Maiestatis Sueciæ, alta rerum intelligentia et experientia munus hoc Ducale in præsenti turbido statu onerosum et periculosum baiulare, de publicis patriæ negotiis solicitam animo volvere curam, consulere, regenda regere ac dirigere. Quoniam vero nonnulli Præteritorum Ducum adhærentes despotico Moscovitico Imperio usurpandum sibi audaci nisu ambiebant contra ius et æquuum absolutum Dominium, quo violare non erubuerant antiquas Exercitus Zaporoviensis leges et libertates non sine gravi onere plebis. Igitur Nos Generales præsæntandi et Nos Attamanus Prætorianus cum Exercitu Zaporoviensi præveniendo tantis præiudiciis, maxime hoc ad peragendum tantum opus, commodo tempore, cum idem Exercitus Zaporoviensis non alio fine sub protectionem S-æ R-æ Maiestatis Sueciæ confugerit et nunc fortiter in ea perseverat, nec vacillat, solum propter corrigendas ac sublevandas depressas leges ac libertates suas, inivimus pactum constituimusque cum Domino Domino Philippo Orlik neoelecto

Duce, ut non solum Illustrissima, Excellentia Sua, in diebus felicis utinam sui Ducatis regiminis cuncta hæc sequentia punctis expressa et fide sua iurata pacta et constitutiones inviolate observaret, verum etiam et a cæteris succedentibus Ducibus Exercitus Zaporoviensis ut illa immutabiliter sint conservanda, quorum tenor talis est

I

Quoniam inter tres virtutes Theologicas fides primatum teneat locum, ergo in primo hoc puncto de Fide Orthodoxa Orientalis Confessionis opus exordiendum sit, qua sicut semel gens strenua Cosatica dominantibus adhuc Principibus Cosaricis a sede Constantinopolica Apostolica illuminata, ita et nunc fortiter in illa perseverans, nulla unquam exotica religione agitata fuerat, neque ignotum est, gloriosæ memoriæ Ducem Theodatum Chmielniccium cum Exercitu Zaporoviensi non ob aliam causam præter iura libertatis commotum fuisse iustaque contra Rempublicam Polonam arma arripuisse, solum pro Fide sua Orthodoxa, quæ variorum gravaminum compulsu a potestate Polonorum coacta fuerat ad unionem cum Ecclesia Romana, post extirpatam quoque e patria Neoromanam exoticam Religionem, non alio motivo cum eodem Exercitu Zaporoviensi genteque Rossiaca protectione Imperii Moscovitici dedisse et libere se subdidisse, solum ob Religionis Orthodoxæ unionem. Igitur modernus neoelectus Illustrissimus Dux, quando Dominus Deus fortis et potens in præliis iuvabit felicia sacræ S-æ R-æ Maiestatis Sueciæ arma ad vindicandam patriam nostram de servitutis iugo Moscovitico tenebitur et debito iure obstringetur singularem volvere curam fortiterque obstare, ut nulla exotica Religio in patriam nostram Rossiacam introducatur, quæ si alicubi clamve, palamve apparuerit, tunc activitatem suam extirpandæ ipsi debebit, prædicari ampliarique non permittet, asseclis eiusdem, præsertim vero præstigioso ludaismo cohabitationem in Ucraina non concedet et omni virium conatu sollicitam impendet curam, ut sola et una Orthodoxa Fides Orientalis Confessionis sub obedienta S-æ Apostolicæ sedis Constantinopolitanæ in perpetuum sit firmanda, atque cum amplianda gloria Divina, erigendis ecclesiis exercendisque in artibus liberalibus filiis Rossiacis dilatetur, ac tanquam rosa inter spinas, inter vicina exoticæ Religionis Dominia virescat et forescat. Propter vero majorem authoritatem primariæ in Parva Rossia sedis Metropolitanæ Kiiovensis faciliorique in Spiritualibus regimine, impositam sibi idem Illustrissimus Dux vindicata patria nostra de iugo Moscovitico geret provinciam circa procurandam et impertiendam a sede Apostolica Constantinopolitana Exarchicam primitivam potestatem, ut hoc actu renovetur relatio et filialis patriæ nostræ obedientia ad præfatam Apostolicam sedem Constantinopolitanam, cuius prædicatione Evangelii in Fide Sancta Catholica illuminari firmarique dignata est.

II

Sicut omne dominium integritate limitum inviolata consistit et stabilitur, ita et Parva Rossia, patria nostra, in suis limitibus, pactis conventis a Republica Polona, præfulgita Porta Ottomanica et Imperio Moscovitico confirmatis, præcipue in his, qui ad flumen Slucz sub regimen Theodati Chmielniccii ab eadem Republica Polona possessioni Ducali Exercitusque Zaporoviensis adsciti, in perpetuum restituti et robore pactorum confirmati, vim præiudiciumque patiatur, obligationis erit Illustrissimi Ducis tempore Tractatuum S-æ R-æ Maiestatis Sueciæ circa hoc negotium agere curam et fortiter qua potest arte valere, ubi res agendi interfuerit obstare, præsertim vero supplici prece S-am R-am Maiestatem Dominum suum clementissimum, tanquam tutorem, defensorem ac protectorem compellatæ, ut S-a Sua Maiestas nemini permittat nonmodo leges et libertates, ast et limites patrios violare sibique appropriare. Insuper Illustrissimi Ducis erit peracto feliciter utinam bello impertiri a S-a R-a Maiestate Sueciæ talem Tractatum assecurationemque, ut S-a Sua Maiestas ac successores ipsius Serenissimi Reges Sueciæ perpetuorum Ucraina Protectorum titulo gaudeant et actu existant pro futuro patriæ nostræ numine conservandaque eius indemnitate in legibus privilegiis et limitibus. Pariter supplicandum erit Illustrissimo Duci ad S-am R-am Maiestatem ut pactis Maiestatis Suæ cum Imperio Moscovitico conveniendis adiungatur tam restitutio post finitum bellum libertati captivorum nostrorum, in Imperio Moscovitico degentium, quam iusta damnorum omnium vi armorum, Ucrainæ illatorum, recompensa. Specialiter vero hoc petendum et curandum sit Illustrissimo Duci apud S-am R-am Maiestatem supererit, ut captivi nostri in Regno Maiestatis Suæ existentes, in patriam suam libere liberi redeant[80]

III

Quoniam originem suam genealogicam gens antea Cosarica, post nominata Cosatica a strenuis et invictis Gethis ducit desumitque,

---

[80] Le passage final de l'article II est estropié dans l'édition de 1916 ; nous avons rétabli le texte complet (cf. traduction française).

insuper et iura amicæ vicinitatis stricto imo sympathico amoris nexu eandem gentem Cosaticam cum Dominio Crymensi accopulat coniungitque, cum quo non semel Exercitus Zaporoviensis unionem armorum imverat ac auxiliares vires in tuitionem sui patriæ et libertatum suarum assumpserat. Igitur quantum in præsenti rerum statu possibile sit, curandum sibi ducat Illustrissimus Dux apud Serenissimum Hanum per legatos renovandam veterem cum Dominio Crimensi confraternitatem colliganda arma et confirmandam perpetuam amicitiam, quibus in successum vicinæ regiones animadversis ne ferantur audaci nisu in ambitum subiugandæ sibi Ucrainæ invimque ipsi inferendam. Peracto autem bello cum Dominus Deus auxilio suo benedixerit neoelecto Duci cum optabili votisque nostris conformi pace residentiam Ducatem possidendam fore, tunc omni virium intensione et perspicaci diligentia attendere huic pro munere ministerii sui obligatus fuerit, ne in minimo quoque cum Dominio Crimensi stabilitum fœdus et confraternitas licentioso ex nostra parte exorbitantium ausu lædatur violeturque, qui assuetudine peccandi inhabituati non solum iura vicinitatis ac amicitiæ, ast et fœdera pacis rumpere et vertere non erubescunt.

IV

Exercitus Zaporoviensis Inferioris Borysthenis partis uti immortalem sibi gloriam innumeris heroicis actionibus terra marique promeruit, ita et amplis beneficiorum privilegiis præmiatus fuerat pro communi suo commodo et usu, sed cum Imperium Moscoviticum procurando varios modos ad opprimendum deprædandumque illum erexerit in fundis ac ditionibus ipsius propriis tum oppida Samariensia, tum et fortalicia ad Borysthenem situata, quo actu in piscando et venando eidem Exercitui Zaporoviensi præpedimentum, damnum, iniuriam, præiudicium ac depressionem intulerat. Ad extremum sedem militarem Siecz antemurale Zaporoviensium fugibundo Marte in ruinam redigerat. Igitur post conclusum utinam felici eventu bellum (si nunc præfatus Exercitus Zaporoviensis easdem ditiones suas et Borysthenem a violenta Moscorum Possessione non vindicaverit) curandum impendet Illustrissimo Duci inter pacta S-æ R-æ Maiestatis Sueciæ cum Imperio Moscovitico de alma pace convenienda, ut Borysthenes et fundi Exercitus Zaporoviensis ab oppidis et fortaliciis Moscoviticis evacuentur ac primitivæ possessioni eiusdem Exercitus restituantur, ubi in successum neque fortalitiorum extruendorum, neque oppidorum pagorumque cum præfixo libertatis termino situandorum, neque alio aliquo modo et prætextu devastandarum harum Exercitus Zaporoviensis ditionum ulli unquam non modo concedenda sibi ab Illustrissimo Duce licentia, verum et omne Exercitui Zaporoviensi in tuitionem earum adhibendum sit suffragium.

V

Civitas Terechtemirow quoniam ab antiquo possessionatus iure ad Exercitum Zaporoviensem Inferiorem ferebatur Xenodochiique ipsius titulo fungebatur, igitur et nunc liberata utinam patria nostra de servitute Moscovitica non prætermittet Illustrissimus Dux eandem civitatem Terechtemirow Exercitui Zaporoviensi Inferiori cum omnibus attinentiis et cum traiectu ibidem ad flumen Borysthenis existente restituendam, Xenodochium in ea pro Cosacis longo senio præssis extremaque egestate oppressis, atque cicatricibus lassatis, sumptu publico erigendum, nec non victum et amictum illis procurandum fore. Itidem Borysthenem desuper a Perevoloczna ad inferiora meantem loca, traiectum Perewolocensem ipsamque urbem Perewolocznam cum oppido Kereberda et fluvium Worsklo cum molinis, in Chiliarchatu Poltaviensi situatis, et fortalicium Kodacense cum omnibus accidentiis tenebitur Illustrissimus Dux successoresque eius pro veteri legum ac privilegiorum iure penes Exercitum Zaporoviensem conservare, nemini de Spirltuali et Seculari Ordine primorum concessa in Borysthene a Perevoloczna ad inferiores eius partes piscandi late sumenda libertate , singulariter in campis desertis fluvii, fluvioli et omnia loca signata usque Oczacoviam nullius alii solum Exercitus Zaporoviensis usum ac possessionem concernere debent.

VI

Si in absolutis Dominiis gloriosus ac statui publico utilis observatur in hoc ordo tam in sago, quam in toga, de communi patriæ commodo privata ac publica absolvi soleant consilia, in quibus et ipsi absoluti Domini præsentia Maiestatis Suæ eminendo non renituntur consensum suum communi Ministrorum Consiliariorumque suorum arbitrio et laudo submittere , et quidni in libera natione talis salutaris observaretur ordo ? Qui et in Exercitu Zaporoviensi anteactis temporibus pro veteri libertatum iure penes Ducales fasces continebatur et continuebatur, tamen cum nonnulli Exercitus Zaporoviensis Duces usurpata sibi contra omne fas et æquum absoluta potestate, statuerint propria authoritate hanc legem Sic volo, sic iubeo. Quo despotico iure Ministerio Ducali incompetente introducti sunt in patriam et Exercitum

Zaporoviensem multi disordines, legum et libertatum eversiones, publica gravamina, violentæ et appretiatæ officiorum militarium dispositiones, levis Generalium, Colonellorum et insignium commilitonum æstimatio. Igitur Nos Generales, Attamanus Prætorianus et totus Exercitus Zaporoviensis pactum fecimus statuimusque cum Illustrissimo Duce in actu electionis Suæ Excellentiæ talem legem in perpetuum in Exercitu Zaporoviensi conservandam, ut in patria nostra Primores essent Consiliarii Generales Officiales, tam respectu Ministeriorum suorum primariorum, quam continuæ ad latus Ducum residentiæ, post illos autem consueto ordine Colonelli civiles simili publicorum consiliariorum charactere dignentur , insuper de quolibet chiliarchatu singulos insignes veteranos, prudentes et bene meritos viros pro ineudo publico consilio cum consensu Ducis eligendos fore necesse est, cum quibus Generalibus primoribus, Colonellis et Generalibus Consiliariis consulendum expedit moderno Illustrissimo Duci et successoribus eius de integritate patriæ, de bono eius communi, et de omnibus negotiis publicis, nihil sine prævio ipsorum consilio et consensu, privata authoritate inchoandum, statuendum et effectuandum. Qua propter nunc ad electionem Ducalem unanimi omnium laudo assignantur tria Generalia Consilia, quolibet anno in Residentia Ducali obeunda, I-mum inter festa Nativitatis Christi. II-dum inter festa Paschalis. III-tium feriis protectionis Beatissimæ Deiparæ, quibus consiliis non solum Colonelli cum suis Officialibus et Centurionibus, non solum ex omnibus Chiliarchatibus Generales Consiliarii, ast et de Exercitu Zaporoviensi Inferiori pro attendendo et consultando legati præmisso Ducis mandato debito obligationis iure obstricti tenebuntur adesse et prodesse nihil de præfixo tempore prætermisso, ubi quidquid ab Illustrissimo Duce publicum consilium concernens proponetur, huic toti pura mente exclusis omnibus privati sui et alieni lucri respectibus, sine nefario livore et zelo vindictæ, recta subministrare consilia obligati fuerint adeo, ne hæc perficiantur cum ulla honoris Ducalis detractione, cum publico patriæ gravamine, ruina absit vero et pernicie. Si vero extra hos præfatos Generalibus Consiliis præfixos terminos contigerint aliqua negotia irremissibiliter curanda, corrigenda et expedienda, tunc Illustrissimus Dux pollebit omni potestatis et auctoritatis libertate regendorum dirigendorumque talium negotiorum cum consilio Generalium Primorum. Itidem si pervenerint aliquæ literæ de extraneis regnis ac regionibus ad Illustrissimum Ducem destinatæ, tunc eas oportebit excellentiam suam Primoribus Generalibus communicatoram responsoriasque manifestaturam, neque occultaturam fore correspondentias literales, præcipue exoticas, et illas, quæ possunt integritati patriæ bonoque publico damnum inferre. Ut vero efficatior interveniat Duci in peragendis secretis et publicis consiliis cum Generalibus Primoribus, Colonellis Generalibusque Consiliariis communicativa confidentia, cuilibet eorum in obeundo officio suo, fides patriæ, fidelitas candida Duci, observantia munerum ministerio suo corporaliter secundum formam iuramenti publico laudo contextam iuranda sit. Et si quid æquitati dissoni ac devii legibus libertatibusve nocivi et patriæ inutilis in Illustrissimo Duce annoteretur, tunc iidem Generales Colonelli et Consiliarii activa vocum utentur libertate, privatim ve, sive cum extrema et irremeabilis exigerie necessitas publice in consilio exprobrandi Suam Excellentiam, et de violandis legibus ac libertatibus patriis interpellandi sine detractione minimaque summi Ducalis honoris læsione , pro quibus exprobrationibus non indignandum sit Illustrissimo Duci, neque vindicandum, imo transversis corrigenda procurabit. Singulariter quilibet Generalium Consiliariorum in suo Chiliarchatu, de quo in Curules Consiliariatus publici electorali voto promovebitur fortem se aget insimul cum Colonello Civili in attendendo Ordini dirigendoque, illo communis consilii remigio, contra audenter eundo intuitionem iniuriandæ aggravandæque plebis. Et sicut Generales Primores, Colonelli Generalesque Consiliarii obligatis se de correlativo iure tenentur ad cultuandum Illustrissimum Ducem omni observantia, ad præstandum ipsi debitum honorem et fidelem obedientiam, ita et Illustrissimo Duci expedit mutuo ipsos observare, pro commilitonibus et non pro servis habere et mancipaliter sibi assistentibus censere, non cogendo illos consulto in vilipendium personarum ad adstandum sibi publicum incongruum et indecorum, præter ubi hoc occasio et necessitas expostulabit.

VII

Si quis ex Primoribus Generalibus, Colonellis, Generalibus Consiliariis insignibus Commilitonibus cæterisque omnibus Officialibus, insuper et gregariis, crimenve læsi Ducalis honoris nefario ausu commiserit, aliove aliquo casu culpabilis apparuerit, tunc tales criminis reos ipse Illustrissimus Dux privata Sua vindicta et activitate punire non debet, sed talis criminalisve, accidentalisve causa Generali Judicio committenda sit, unde qualis non in favorem, neque hypocrisis feretur sententia, cuilibet iure victo subeunda restet.

VIII

Per eosdem Generales Primores, continuo lateri Ducis adhærentes, omnia publica negotia, quæ a cuius munere ministerii dependebunt, deferenda sint Illustrissimo Duci, et declaratio recipienda non vero per domesticos Ducis particulares servos, qui nullis legalitatibus, interpositionibus negotiisque militaribus immiscendi, ac absolvendis legationibus vel minimis publicis applicandi sint.

IX

Quoniam ab antiquo in Exercitu Zaporoviensi semper Thesaurarios Generales fuisse scimus, qui ærario publico, molinis omnibusque publicis proventibus et tributariis pensionibus attendebant, ac omnia hæc pro libitu et assensu Ducis disponebant, igitur et nunc talis ordo communi pacto statuitur et immutabili lege constituitur, ut liberata utinam Patria nostra de Moscovitico iugo, indicio[81] Ducali et consensu publico eligatur Thesaurarius Generalis, vir insignis, emeritus, dives opum et rectus corde, qui ærario publico suam tutelam impenderet, molinis et omnibus reditibus attenderet, illisque necessitati publicæ, non vero suæ privatæ, stante sententia Ducis, succurreret. Ipse autem Illustrissimus Dux supra publicum ærarium reditusque ipsum concernentes, nullum debet extendere ius et prætensionem, neque personali usui vertere, Sua contentus sorte et reditibus clavam et personam Ducalem spectantibus, scilicet inducta Chiliarchatu Hadiacensi, districtu Szeptacoviensi, bonis Poczepoviensibus et Obolonensibus cæterisque proventibus, publico laudo antiquitus muneri Ducali destitutis , plus vero Illustrissimo Duci ditionum bonorumque Exercitus Zaporoviensis communium, ne sit absoluta potestate usurpandum aliisque minus de patria meritis, præcipue monachis, præsbyteris, viduis improlibus, tribunis plebis gregariisque servis, aulicis et privatis personis distribuendum. Et non duntaxat modo lateri Ducali applicandus Thesaurarius debet eligi et ad stabiliendam Ducalem sedem præsentaneus esse, verum etiam in quolibet Chiliarchatu duo Thesaurarii pariter iurati viri insignes et locupletes ex communi Colonelli ac utriusque status equestris et plebeii præsidum laudo asserendi, qui Chiliarchatus civiliumque reditus et publica tributa scirent, ac illa tutellæ erogationique suæ commissa haberent, nec non omni anno rationem villicationis suæ redderent. Hi ergo Thesaurarii Chiliarchatuum habita correlativa dependentia a Thesaurario Generali munere suo fungentur in Chiliarchatibus suis debitos publico ærario reditus investigandi, illos colligendi manibusque Generalis Thesaurarii retribuendi. Dominis Colonellis autem nullum itidem prætendendum sit interesse ærarii

---

[81] Var. : *iudicio*.

Chiliarchatus, sed contenti esse debent proventibus et beneficiis officii sui.

X

Sicut omnis partiæ Exercitusque Zaporoviensis ordo pro munere ministerii ab Illustrissimo Duce regendus introspiciendusque sit, ita præcipue solicita cura huic invigilandum incumbit, ne populo gregario et plebeio nimia imponentur gravamina, opressiones et violentæ extorsiones, quibus compulsi, relictis suis incolatibus, aliena solent petere regna et extra patrios limites pro allevandis tantis oneribus commodiorem, molliorem placidioremque quærere vitam. Qua propter ne Domini Colonelli, Centuriones, Attamani, Officiales ac Tribuni plebis plus audeant operationes suas domesticas familiares et particulares, gregario plebeioque hoc, præsertim, qui nec ministerio eorum stricta dependentia subditur, nec personalem concernit possessionem, expedire falcandum fœnum, ad colligendam messem, ad muniendos aggeres adigere, rapinis violentaque fundorum emptione, vim inferre, pro vili aliqua culpa de tota substantia mobili ac immobili spoliare. Artifices absque solutione ad perficienda domestica artem ipsorum mechanicam spectantia opera cogere Cosacisque privatas missiones absolvere, tenebitur Illustrissimus Dux ea, qua pollet activitate, tantos abusus prohibere ipseque illos imitando exemplo evitare, atque adimplere. Quandoquidem vero omnia gravamina et rapinæ in oppressionem miseræ gentis plebeiæ originem suam ducunt de ambitionis pretio subsellia petentibus et appetentibus, qui non fidendo nec fundando se in meritis ambiendoque insatiabili appetitu pro privato suo lucro curules equestres plebeiosque corrumpunt captantque Ducis animum illicio munerum, quibus nituntur sine liberis votis contra ius et æquum in apicem dignitatum Chiliarchalium cæterorumque ministeriorum. Igitur serio statuitur[82], ne Illustrissimus Dux omni munerum genere respectibusque ductus ulli prævia appretiatione fasces Chiliarchales aliaque equestria et plebeia officia conferat, vique illata in illa intrudat, sed semper tum equestres cum et plebeii Officiales, et præsertim Colonelli eligendi sint liberis vocibus et votis, et post electionem Ducali potestate confirmandi , tamen horum Tribunorum electio non sine consensu Ducali celebranda absolvendaque sit. Eandem legem incumbit et Colonellis observare, nec appretiata dextra privatisque respectibus sine liberis totius districtus suffragiis, Centuriones aliosque Officiales creare ac propter particulares offensas de officiis deponere.

---

[82] Var. : *statuimus*.

XI

Viduæ Cosacorum uxores orbataque illorum proles, domus Cosaticæ et uxores, eorum absentibus maritis, cum operi belli vel quibuscunque servitiis militaribus accincti fuerint, ne ad ulla ferenda plebi debita ac communia onera adigantur, extorsionibus tributariis aggraventur pactum sancitumque est.

XII

Non minus Civitatibus Ucrainensibus inde oritur imponiturque gravamen, quod multæ villæ in subsidium publicorum onerum stricta antea dependentia illis incorporatæ ad possessionem variorum tenutariorum spiritualium seculariumque redactæ fuerint, incolans autem illas plebs extenuata obligatur sine omni alleviatione eadem ferre onera, quæ cum subsidio avulsarum redectarumque villarum baiulaverat. Igitur pacificata a bellorum turbine liberataque a Moscovitica servitute patria nostra Generalis statuenda adimplendaque sit per destitutos Commissarios Revisio omnium publicæ sortis ditionum possessarum, atque alto Generalis in præsentia Ducis Consilii, iudicio committenda, cuius laudo sancitoque statuetur cui competit, et cui non possessione bonorum ac ditionum communium frui, et qualia sint possessoribus vectigalia qualisque obedientia a subditis præstanda. Similiter et exinde miseræ abiectæque plebi augentur gravamina, quod multi Cosaci locupletiores, plebeios sub prætextu vicinitatis iuris ditioni suæ adscitos protegunt ab omni onere urbano villanoque. Mercatores vero opulentiores gloriandi tum libertationibus Ducalibus, cum et protectrici Colonellorum tutela evitant baiulanda publica onera sibi competentia renitentque præstando subsidio miseræ plebi. Qua propter Illustrissimus Dux Universalibus suis non prætermittet restituere tam rusticos a Cæsaris protectores, quam et mercatores tolerandis publicis oneribus prohibereque, ne amplius protegantur

XIII

Metropolis Urbs Rossiæ, Kiiovia, cæteræque Ucrainæ civitates in omnibus suis legibus ac privilegiis æquo iure collatis, inviolatæ ac intactæ ut conserventur, authoritate huius Actus Electoralis statuitur et confirmandum hoc suo tempore Ducali potestati committitur

XIV

Inter cætera gravaminum genera, quibus plebs et gregarii Cosaci in Roxolana patria nostra opprimuntur, non potest dari major populi depressio et extenuatio, quam quæ promanat ex congressu adeuntium, redentium, itinerariorum ex sancitisque imprælicato iure publicis vehiculariis cursibus concomitantibus et honorariis, quibus misera plebs et Cosaci gregarii ad incitas redacti, quoniam multi et innumerabiles peregrini et patriti cuiuslibet status et ordinis sive in publicis, sive privatis suis negotiis iter sibi confixum capessendo per Roxolanas utriusque partis Borysthenis urbes ac villas, sæpissime vero et servi personales non solum Ducis, sed Generalium Primorum, Colonellorum, Centurionum et insignium Commilitonum, insuper et Spiritualium præsidum obeundo qualemcunque missionem. Nonnulli autem suo studio et necessitate accingendo se itineri cogunt urbium, oppidorum et pagorum præsides ad offerenda sibi insolita honoraria, victum, potum, vecturam, concomitatum et vigilliam. Multi autem tales dantur impii raptores, præcipue ex servis, qui nulla prorsus præmissa necessitate assignant immensum numerum vehiculariorum equorum, quem cum præsides urbani sive villani adimplere nequeant, tunc probrosis verbis ac verberibus consulto ad implendum adigunt, ut illos præfati Præsides de alleviatione convenienda pecuniariis placeant offertoriis. Nonnulli vero vectorios equos secum ducunt, et sive illos vendicant, sive vendunt. Solent etiam dari multi inter Generales, Colonellos cæterosque spiritualis et secularis Ordinis Primores, qui præsides urbanes adigunt ad reparandos suos sumptu civili currus, ad præparanda et extradenda servis suis varii generis indumenta, insuper non erubescunt Curias sollicitare exigereque per substitutos ac instructos serves acromata aliaque coquinæ suæ necessaria. Interea et ipsi Præsides captando sibi benevolentiam respectusque et appetendo gloriam nominis sui omnem transeuntibus quamvis in suis privatis et non in publicis negotiis Primoribus servisque eorum accommodant sufficientiam. Sæpe etiam et ipsi Præsides, præsertim oppidorum et villarum hilari vultu acceptant captantque occasiones præstandæ hospitalitatis advenis, quibus suppeditato exiguo victu et potu, sub prætextu tantæ hospitalitatis sumunt varios potus ac satis bibunt, victualia autem inter se distribuunt, inserendo hæc omnia codicibus ratiocinariis inter expensas, qua de causa plebem non solum debitis et vectigalibus tributis aggravant, verum ad extremam egestatem redigunt. Igitur Illustrissimus Dux pacificata patria e præsenti turbine et vindicata illa a iugo Moscorum, instituere non gravabitur cum alleviatione populi publica, in omnibus regiminis sui urbibus talem ordinem, ut in qualibet civitate iuratus sit Thesaurarius, dependens a Thesaurario Chiliarchatus, qui omnibus reditibus et expensis publicis cura et tutela sua attenderet, et vera codicibus rationariis annecteret, ex quorum calculatione singulis annis perficienda, si convictus fuerit in debitis et in iustis expensis, tunc hoc proprio ipsius ære in recompensam civitati restituendum sit, quo propter codicibus expensi inserendum ipsi incumbit, in quovis negotio itineri accinctus fuerit, cum cuius literis salvi passus et qualis in illis exprimetur viatica commoditas. Et præcipue Illustrissimus Dux applicabit salutiferam curam ad extirpandum in patria nostra publicum vehicularium cursum, concomitatum et extorsiva vehicularia et honoraria, conformando se statui externarum regionum, in quibus nullibi observatur talis impia plebique gravis consvetudo. Pro transferendis autem literis exemplo et ritu peregrinorum Dominiorum, instituet Illustrissimus Dux publico sumptu in certis regiminis sui Chiliarchatibus cursum publicum, de quo in Generali Consilio fusius et efficatius consulendum, pactandum et constituendum sit.

XV

Quandoquidem arendæ pro stipendio annali Companiæ et Serdiucis, aliisque expensis publicis constitutæ communi oneri ab omnibus incolis Roxolanis, equestribus et plebeis, itidem stativa Companiensia et Serdiucensia incommodo et aggravationi imputantur, igitur tam arendæ, quam et præfata stativa rejicienda sint et omnino delenda. Unde autem Thesaurus publicus ruinatus pro expediendis publicis negotiis, adimplendisque expensis reparandus restituendusque et quantæ copiæ stipendiariæ equestres et pedestres post peractum bellum ad latus Illustrissimi Ducis in servitiis militaribus conservandæ sint, hoc in Generali Consilio diiudicetur et stabilietur

XVI

Sæpissime misera plebs clamat vindictam, quærulosque interponit dolores, quod tam Tenutarii inductæ, quam et Commissarii Nundinarii multis illam, iisque insolitis ac innumeris infestant extorsionibus, quibus obstantibus datur misero homini impossibilitas libero passu nundinas adeundi, viles res pro subsidio egestatis suæ vendendi, aut pro domestica necessitate aliquid comparandi absque vectigali nundinario, et si vel in minimo culpabilis apparuerit, tunc a capite usque ad calcem spoliari a

Commissariis Nundinariis debebit. Igitur tenutarii inductæ eorumque substituti de his solum mercibus, et tantum de inductione et evectione earum ad publicurn ærarum exigant, quantum Universales contractus literæ sonabunt, nihil prorsus supervacanei a mercatoribus extorquendo. Itidem Commissarii Nundinarii, ut solum munus nundinarium ab iis, qui ad hoc sunt obligati et non ab egenis hominibus provendenda vel comparanda vilire domesticæ necessitatis causa nundinas adeuntibus recipiant. Nulla iudicia non tantum in causis criminalibus, sed et in accidentalibus peragant, neque insolitas extorsiones et gravamina populo et civitatibus inferant, attendet huic Illustrissimus Dux sagaci mente, solita cura et Ducali authoritate, cuius magno animo omnia in patria regenda ac corrigenda iura libertatis publicæ inviolabili observantiæ et tutelæ, Pacta autem illa et Constitutiones efficaci executioni committuntur, quas Sua Excellentia subscriptione manus propriæ et sigillo publico, sed et formali iuramento dignata est confirmare, Quod se taliter habet

Ego Philippus Orlik, Neoelectus Exercitus Zaporoviensis Dux, iuro in Dominum Deum, in Trinitate Sancta glorificatum, supra hoc quod cum fuerim liberis vocibus et votis pro veteri lege et consvetudine patria, cum consensu S-æ R-æ Maiestatis Sueciæ, Protectoris Nostri, a Generalibus Primoribus et a toto Exercitu Zaporoviensi, ad latus eiusdem S-æ R-æ Maiestatis, et ad rippas inferiores Borystenis existente per legatos electus, declaratus et evectus, in insignem præeminentiam Ducalem, uti hæc omnia Pacta et Constitutiones, hic annexas et unanimi consilii sensu in Actu præsentis electionis inter me et eundem Exercitum Zaporoviensem conventas, in legem adductas et stabilitas in omnibus punctis, commatibus ac periodis et clausulis immutabiliter adimplere, amore fide et solicita cura pro bono Roxolonæ patriæ, Matris Nostræ, communi et integritate eius publica ardere, in ampliandas leges ac libertates Exercitus Zaporoviensis omni qua potuero arte viriumque conatu valere ferri, nullas factiosas cum exoticis dominiis ac gentibus, et intra patriam, in ruinam et qualemcunque eius damnificationem cointelligentias inire, arcanas ab exteris allegationes, patriæ iuribusque libertatis nocivas Generalibus Primoribus, Colonellis et cuius hoc officii erit revellare, dignis et bene de patria meritis personis observantiam, nec non omnibus utriusque superioris et inferioris Ordinis commilitonibus, bene se gerentibus dilectionem, criminis vero consciis secundum iurium articulos pœnam exhibere et conservare spondeo et debeo, ita me Deus adiuvet illibatum Evangelium ac innocens Passio Christi. Et hæc omnia subscriptione manus meæ propriæ et sigillo publico munio confirmoque. Actum Benderæ, anno Domini 1710, Aprilis 5-ta d.

ANNEXE 2 :
TABLEAU TERMINOLOGIQUE COMPARATIF

Texte latin	Texte ukrainien[83]	Traduction française
Attamanus (prætorianus)	Атаманъ Кошовый	« Ataman prétorien » (le *kochovyï otaman* de la Sitch)
Cosaricus	козарскій	khazar
Cosaticus	козацкій	cosaque
Centurio	Сотникъ	« Centurion » (centenier, chef d'une *sotnia* cosaque)
Chiliarchatus	Полкъ	Régiment (territorial)
Colonellus (civilis)	Полковникъ (городовый)	Colonel (de ville)
Consiliarii generales	Енеральніи совѣтники	Conseillers généraux
Dux	Гетманъ	Hetman
Exercitus Zaporoviensis	Войско Запорожское	Armée Zaporogue
Exercitus Zaporoviensis inferioris Borysthenis Partis	Войско Запорожское Низовое	Armée Zaporogue du Dniepr Inférieur
Generales	Енеральная Старшина	« Anciens » (*Starchyna* générale)
Gregarius	Войсковый	(Simple) cosaque
Imperium Moscoviticum	Государство Московское / Москва	Empire moscovite / Moscovie
Insigni Commilitones	Значное Товариство	Compagnons d'armes
Parva Rossia	Малая Россія	Petite-Russie
Rossiacus	Малоросіискій	Ruthène (petit-russien)
Roxolanus	*	Roxolan
Siecz	Сѣчь	Sitch
Status plebeius / plebs	(люди) посполитые	« Plèbe », population « civile »
Status equestris	(люди) войсковые	« Classe équestre », Cosaques
Ucraina	Украина	Ukraine

* : rendu suivant les cas par « ukrainien » ou « petit-russien »

---

[83] Orthographe (essentiellement étymologique) de l'original.

CARTE ET ILLUSTRATIONS

Légende de la carte

▬▬ : Frontières internationales au début du XVIIIe siècle (traités polono-moscovites de 1667 et 1686, traité polono-ottoman de 1699).

– – – : Territoire revendiqué par les Cosaques d'après les *Pactes et Constitutions* de 1710.

⁄////⁄ : Hetmanat de la rive gauche du Dniepr.

\\\\\\ : Rive droite.

׀׀׀׀׀׀ : Territoire des Zaporogues de la Sitch.

Principales villes ou sites mentionnés dans l'ouvrage :
1- Batouryn ; 2- Kiev ; 3- Bila Tserkva ; 4- Poltava ; 5- la Sitch (jusqu'en 1709) ; 6- Olechky (Sitch sous protection turco-tatare 1712-1734) ; 7- Bender / Tighina.

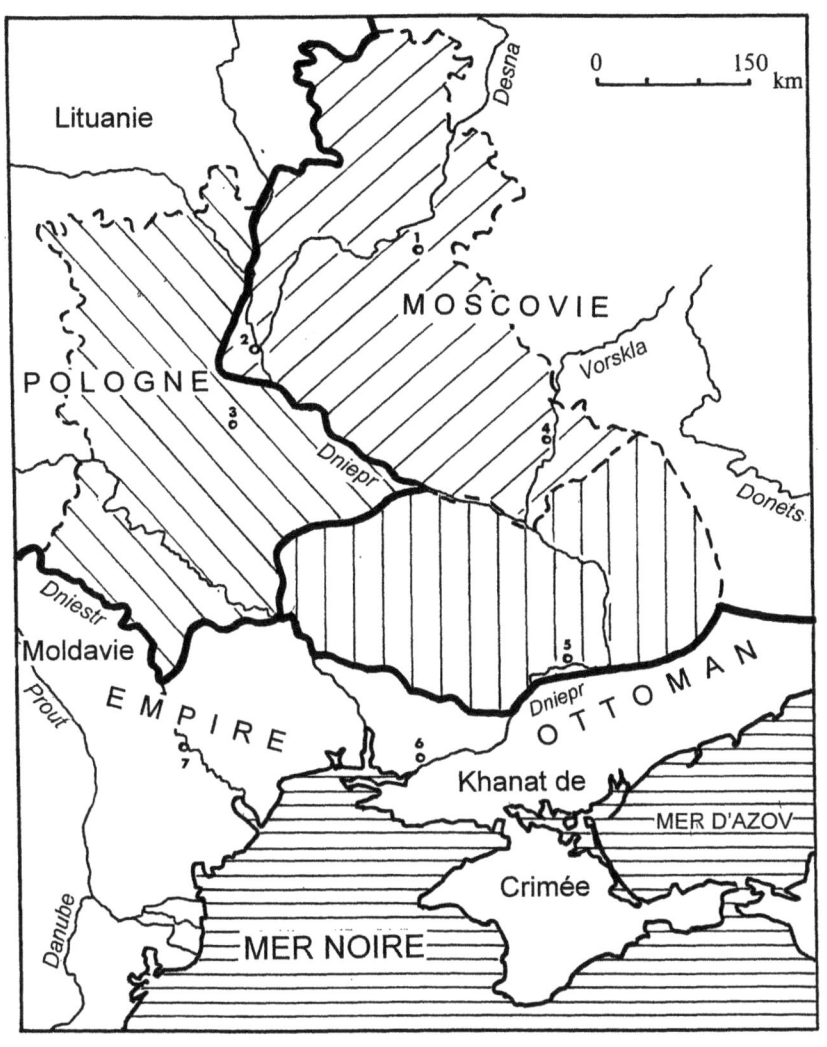

En haut : le blason *Nowina* porté par Philippe Orlyk et sa famille (champ d'azur ; épée à monture d'or et lame d'argent, sur un croissant d'argent ; heaume d'argent à couronne d'or avec une jambe d'or en cimier ; lambrequins d'azur et d'argent) ; d'après l'armorial de K. Niesiecki, 1738.
En bas : signature de l'hetman Orlyk, « *Philippus Orlik Dux Exercitus Zaporoviensis* », sur une lettre en latin de 1713.

Portrait, probablement imaginaire, de l'hetman Orlyk, dans un ouvrage du XIXe siècle.

Sceaux des deux « Armées Zaporogues » ukrainiennes. En haut : Hetmanat sous Mazepa (1687-1709) ; en bas : Sitch, avec la légende « Sceau de la glorieuse Armée Zaporogue Inférieure ». Le « Cosaque au mousquet » était l'emblème des Cosaques ukrainiens depuis la fin du XVIe siècle.
[I. Lebedynsky, *Les Cosaques*, Errance, Paris, 2004]

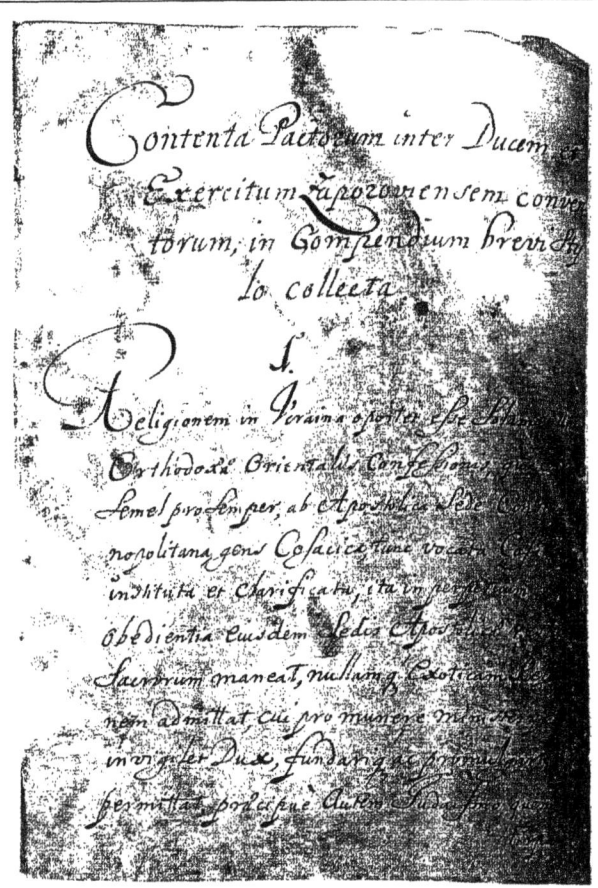

Première page du manuscrit de la version abrégée latine des *Pactes & Constitutions*, conservée aux Archives Nationales de Suède à Stockholm. 1710.

TABLE DES MATIÈRES

Introduction	p. 5
Note historique : Les Cosaques d'Ukraine et le contexte de 1710	p. 7
Les *Pactes & Constitutions* : Texte et terminologie	p. 23
Pactes & Constitutions des lois et libertés de L'Armée Zaporogue (traduction de W. Stepankowski, 1916, et commentaires)	p. 29
Confirmation par Charles XII, roi de Suède	p. 75
Evaluation : la « première constitution » ?	p. 77
Annexe 1 : texte latin des *Pactes & Constitutions*	p. 85
Annexe 2 : Tableau terminologique comparatif	p. 101
Carte et Illustrations	p. 103

L'HARMATTAN, ITALIA
Via Degli Artisti 15 , 10124 Torino

L'HARMATTAN HONGRIE
Könyvesbolt , Kossuth L. u. 14-16
1053 Budapest

L'HARMATTAN BURKINA FASO
Rue 15.167 Route du Pô Patte d'oie
12 BP 226 Ouagadougou 12
(00226) 76 59 79 86

ESPACE L'HARMATTAN KINSHASA
Faculté des Sciences Sociales,
Politiques et Administratives
BP243, KIN XI , Université de Kinshasa

L'HARMATTAN GUINEE
Almamya Rue KA 028 en face du restaurant le cèdre
OKB agency BP 3470 Conakry
(00224) 60 20 85 08
harmattanguinee@yahoo.fr

L'HARMATTAN COTE D'IVOIRE
M. Etien N'dah Ahmon
Résidence Karl / cité des arts
Abidjan-Cocody 03 BP 1588 Abidjan 03
(00225) 05 77 87 31

L'HARMATTAN MAURITANIE
Espace El Kettab du livre francophone
N° 472 avenue Palais des Congrès
BP 316 Nouakchott
(00222) 63 25 980

L'HARMATTAN CAMEROUN
Immeuble Olympia face à la Camair
BP 11486 Yaoundé
(00237) 99 76 61 66
harmattancam@yahoo.fr

L'HARMATTAN SENEGAL
« Villa Rose », rue de Diourbel X G, Point E
BP 45034 Dakar FANN
(00221) 33 825 98 58 / 77 242 25 08
senharmattan@gmail.com